ALEXIS BOENTES

INVERTIR EN EL SECTOR DE LA RESTAURACIÓN,

UN VERDADERO RETO

Selección de Artículos desde el sitio
http://www.gestionrestaurantes.com

Autores:

Yosvanys R. Guerra Valverde

Profesor Adjunto Escuela de Hotelería y Turismo de La Habana

Chais Esvety Calaña Gonzáles

Especialista en cocina nacional e internacional, Grupo Hotelero Gran Caribe, Instructor, profesor adjunto Departamento A&B, Escuela de Hotelería y Turismo de La Habana.

Jorge M. Ramallo

Consultor de Restauración en Argentina

Promocionando el Sitio:

http://www.tupatrocinio.com/

Venezuela, noviembre de 2013

Menú Especial

Primer Plato Gourmet (Entrante)

Papa rellena con Atun y salsa de tomate

Segundo Plato Gourmet (Principal)

Ternera al Vino Tinto, canela y jengibre con setas silvestres

Tercer Plato Gourmet (Postre)

Torta sabor a yogourt con frutas rojas

Desde la década del setenta la ONU se interesó por estudiar cómo debía producirse esa interrelación entre desarrollo económico y la protección al medioambiente. Ella se plateaba como objetivo lograr un crecimiento económico constante y regular en el tiempo, que fuera socialmente justo y ecológicamente viable.

De este modo, se plantea la idea de que para que haya desarrollo sostenible debe producirse un equilibrio entre las dimensiones económica, social y medioambiental y que las generaciones actuales deben respetar a las generaciones futuras dejándole suficientes recursos para el disfrute de éstas, considerando en primer lugar que la vida humana puede continuar indefinidamente, que los seres humanos como individuos podemos desarrollarnos sin que nuestro accionar destruya la diversidad, complejidad y funcionamiento de los sistemas ecológicos soportes de la vida.

Asimismo, la Organización Mundial del Turismo, comprendiendo que también juega un importante papel en lograr que se produzca un razonamiento lógico y que lejos de destruir se construya, se plantea en agosto de 2004 que *"Las directrices para el desarrollo sostenible del turismo y las prácticas de gestión sostenible son aplicables a todas las formas de turismo en todos los tipos de destinos, incluidos el turismo de masas y los diversos segmentos turísticos…"*.

Y define que para que el turismo sea sostenible se debe

    a. Dar un uso óptimo a los recursos ambientales que son un elemento fundamental del desarrollo turístico, manteniendo los procesos

ecológicos esenciales y ayudando a conservar los recursos naturales y la diversidad biológica,
b. Respetar la autenticidad sociocultural de las comunidades anfitrionas, conservar sus activos culturales arquitectónicos y vivo y sus valores tradicionales, y contribuir al entendimiento y a la tolerancia intercultural y
c. Asegurar unas actividades económicas viables a largo plazo, que reporten a todos los agentes unos beneficios socioeconómicos bien distribuidos, entre los que se cuenten oportunidades de empleo estable y de obtención de ingresos y servicios sociales para las comunidades anfitrionas, y que contribuyan a la reducción de la pobreza

Puntualizando, además, que el turismo sostenible debe reportar también un alto grado de satisfacción a los turistas y representar para ellos una experiencia significativa, que los haga más conscientes de los problemas de la sostenibilidad y fomente en ellos unas prácticas turísticas sostenibles." (OMT)

En esencia, la sostenibilidad se ha convertido en un punto de debate en cualquier agenda y motivo de diversas publicaciones en las que surgen, se confirman o se desechan teorías, y donde cada cual según sea la disciplina, el paradigma o la ideología que represente da mayor peso a una variable u otra, no existiendo un consenso para dejar claro lo que realmente significa.

El pensamiento estratégico y las ventajas competitivas como soportes de la sostenibilidad

Es entonces que debemos mirar hacia todas direcciones, sobre todo si se parte de que la Sostenibilidad ha sido objeto de análisis en las más importantes tribunas mundiales y comprender, también, que la pequeña y mediana empresa debe enfocarse en poner en práctica diversas alternativas que tributen a su sostenibilidad, pues viene a constituir el cimiento de todo acto que deba producirse a cualquier nivel, pero a la vez viene a ser, también, la que más afectación pueda sufrir si no se aplican coherentemente las distintas políticas.

Fue hasta hace muy poco, bien puede decirse, que el enfoque tradicional de las gerencias empresariales se basaban en el modelo original de las estrategias competitivas de Porter, cuya esencia radicaba en que las ventajas se derivan de la creación de una posición basada en la diferenciación y en los costos, o los que consideraban que la ventaja estaba en los activos y capacidades que han acumulado a lo largo de su existencia. Sin embargo aunque ellas son funcionales no dicen cómo mantener esas ventajas.

La creación y el mantenimiento de la ventaja competitiva de toda organización es un ciclo continuo, donde la empresa luego de examinarse debe contrastar donde está su mayor fuerza, porque cada una de ellas, además de ser incrementalmente transitorias, siguen la "Ley de Némesis" lo que significa que cada una encierra en si misma su propia destrucción y esto significa que cada ventaja que identifica el competidor, tratará de neutralizarla, igualarla o sobrepasarla, conduciendo a que las mismas no puedan ser mantenidas definitivamente, sino que deben ir siendo reemplazadas por otras.

Corresponde, entonces, al gerente moderno buscar nuevas fuentes de ventajas competitivas que hagan sostenible a su empresa y no centrar sus fuerzas en buscar o creer que encontrará ventajas para toda la vida.

Cinco dimensiones y un solo objetivo: la sostenibilidad

Recientemente, cuando defendía mi tema de investigación para la culminación de un doctorado en gestión y administración empresarial, abordaba el papel de la gastronomía en la sociedad y enfatizaba que comer es una necesidad biológica que no repara en edades, capacidades de pago, credo y sexo; sino que venía a constituir una manera de intercambio social.

Igualmente defendía la hipótesis de que la gastronomía es una forma de identidad de los pueblos, es uno de los patrimonios que identifica y permite reconocer a una comunidad o a una nación y más que una relación entre el hombre y la naturaleza, se convierte en una forma de cultura en la sociedad que implica el intercambio en formas de comunicación intracultural, fortaleciendo los vínculos entre ellos. De este modo, el acto de ingerir proteínas, minerales y vitaminas cobra otros matices al convertirse en una mezcla de acciones que defienden y enriquecen la identidad de los pueblos.

Cuando generalmente se habla de sostenibilidad se vinculan tres dimensiones: la económica, la ecológica y la social. Sin embargo, soy de la opinión de que hay una implicación importante de la dimensión cultural y la política; y es ese el sentido en el que me baso para reformular o replantear ese proceso de interacción, porque en mi opinión todas las acciones que se generen en función de la sostenibilidad deben considerar aquellas tradiciones culturales e histórica de los pueblos y junto a ello el impacto que tiene la propia capacidad del gobierno para tomar las mejores decisiones sin interferir en aquella propi que tenga la empresa para lograr sus objetivos.

Para ser consecuente con mi planteamiento, y me uno entonces a todos esos autores que defiendes sus disciplinas y paradigmas, y aunque ya lo he dejado implícito en el transcurso de esta reflexión, aporto mi propia teoría sobre la Sostenibilidad, sumando a todo ese proceso de interrelaciones entre la economía, la ecología y la sociedad, las que deben producirse con la cultura y la política y, que reflejo en lo que he llamado el Circulo de la Sostenibilidad, que resumo a continuación:

Para que los recursos escasos puedan ser distribuidos adecuadamente y satisfacer las necesidades humanas, convencidos de que las generaciones futuras no serán afectadas, los gobiernos deben dictar medidas que condicionen el uso adecuado de los recursos naturales disponibles que favorezcan el desarrollo de las naciones y que en correspondencia respondan a las tradiciones históricas de cada pueblo y a su vez comprometa a los individuos generando los empleos e incentivos para que estos sean protegidos y que queda representado como se muestra en la figura 1:

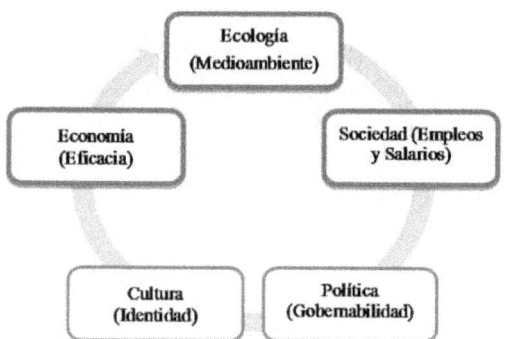

Fuente: Creado por Yosvanys R. Guerra Valverde Profesor Adjunto Escuela de Hotelería y Turismo de La Habana

Gastronomía sostenible. Realidad y no utopía

Unos de los principales activos de una empresa gastronómica lo viene a constituir la imagen que ésta es capaz de mantener ante su público y la sociedad, a partir del uso eficiente de los recursos humanos, tecnológicos y financieros, siendo en particular, la cara de lo anterior, la oferta de alimentos y bebidas que se hace, sin dejar a un lado la conservación y cuidado de todos aquellos recursos naturales que se ponen a su disposición.

Es lógico que constantemente estén ocurriendo cambios en el sector y que esos cambios estén aparejados a los que ocurren social, tecnológica y humanamente. Estas tres variables están interrelacionadas entre sí, y es que desde el momento en que aparece uno medio tecnológico éste impacta en el desarrollo social y es el propio hombre es el que evalúa, ejecuta y transforma esa tecnología.

No se puede dejar a un lado el efecto que producen los medios de comunicación masiva (radio, cine, televisión e internet) al suministrar información comprobada o supuesta, que a veces requieren de tiempo para ser confirmadas o refutadas, pero que ciertamente generan un cambio de mentalidad.

El hombre al tener acceso a esa información la procesa y sobre la base de la interpretación que haga de ella establece medidas para aprovecharla, preservarla o evitarlas. Así por ejemplo a través de estas informaciones que son adquiridas diariamente han surgido grupos de clientes como los que sólo consumen alimentos que no afecten a la naturaleza o los que buscan aquellos que contribuyan a su dieta, por solo poner par de ejemplos. Pero no solo el impacto de la información tiene efecto sobre el consumo de alimentos y bebidas, sino que el cliente comienza a plantearse cuestiones tales como la iluminación, el clima, el nivel de ruidos, y cómo estos los afectan.

Es entonces, que, partiendo de que la aspiración de todo empresario gastronómico se apoya en la existencia de un público a quien ofrecerle sus atractivos y satisfacer una necesidad, un deseo o suplir una expectativa, que conjuntamente a ello le aporte los ingresos necesarios para poder satisfacer sus necesidades como empresa y mantenerse competitivo en el mercado a partir de la adquisición de los medios necesarios para su propio desarrollo, me atrevo a decir, que la gastronomía debe enfocar ya sus pasos hacia la sostenibilidad.

¿Cómo saber si somos una empresa sostenible?

Este es un tema lo bastante complejo, porque sus supuesto no sólo responden a cálculos matemáticos, sino que su base radica fundamentalmente en la conciencia que se tenga sobre el asunto. No obstante, infiriendo que todos estamos convencidos de que debemos y queremos trabajar por convertir a nuestras empresas en empresas sostenibles, voy a exponer algunas ideas sobre los indicadores, asociarlos al concepto de sostenibilidad y a su vez adecuarlos a la actividad gastronómica.

El uso de indicadores es una práctica habitual en cualquier empresa que proporcionan informaciones de tipo generalistas, pero que vienen a constituir herramientas en el proceso de gestión y que permiten a partir de sus resultados adoptar medidas correctivas o mejoradoras.

Un indicador es válido cuando se conoce lo que se quiere medir, disponer de la información relevante (solamente la necesaria) y sintetizarla de manera objetiva para que puedan ser evaluados de igual manera los resultados.

Debe tenerse claro qué es sostenibilidad o sustentabilidad, no se debe usar este concepto fríamente o como un cliché para usarlo cuando sea necesario, estando convencidos de que el concepto de sostenibilidad y cada indicador que a él se asocie tiene su origen en el campo ecológico y medioambiental (Hughes, 2002) pero en el que no deben obviarse los otros componentes (cultural, social, económico y político)

Como no existe una lista universal de indicadores universales y únicamente aceptados, Bakkes, (1994) y Mesera,

(1999), un indicador describe un proceso específico de control, estos deben ser sensibles a las percepciones de los agentes implicados en el desarrollo del mismo, de manera tal que se logre que los resultados obtenidos por la aplicación de los mismos sean fácilmente interpretados.

Debe quedar claro que no siempre los resultados que se obtienen son coincidentes, ni se llegan a sus resultados de la misma manera.

En este sentido, expondré ahora de manera muy sintética cada uno de los indicadores que les propongo:

Indicadores Económicos: reflejan de manera sintética, cuantitativa, significativa y legitima el estado de la realidad en el ámbito económico. En el campo e la actividad gastronómica hay que saberlos delimitar, comprender cuáles son esos indicadores que reflejan esa realidad económica, dado a que muchos indicadores de este tipo se mezclan con otras ramas o dimensiones y a veces es muy difícil determinarlos.

Indicadores Culturales: reflejan el impacto de la actividad en el desarrollo cultural de la comunidad, así como aquellos recursos que tributan a que la organización sea vista como parte de la misma y sea un motivo para su visita, refleja igualmente al imagen que se percibe de la formación en materia de cultura de esa comunidad a partir de la existencia de diversos medios culturales que le proporcionan esa formación.

Indicadores Medioambientales: un indicador medioambiental es una variable que ha sido socialmente dotada de un significado añadido al derivado de su propia configuración científica con el fin de reflejar de forma sintética una preocupación social con respecto al medioambiente e insertarla coherentemente en el proceso de toma de decisiones" (OCDE, 1998)

Indicadores Sociales: se refieren ha aquellos que permiten medir el impacto de la actividad en el desarrollo de esa propia comunidad.

Indicadores Políticos: buscan medir la capacidad de la organización o de la comunidad para establecer sus propias leyes y tomar decisiones, o sea la capacidad para autogobernarse y cómo inciden o cómo se cumplen las leyes dictadas por el gobierno.

De este modo, y atendiendo a lo anterior, les propongo los siguientes indicadores para la actividad de forma general a modo de ejemplo:

Económicos:

    a. Inversión privada del restaurante con relación a la inversión que se ejecuta en el sector.
    b. Cantidad de proveedores de la comunidad contratados con respecto a la cantidad de proveedores contratados en el restaurante.
    c. Cantidad de aportes a la comunidad en materia de impuestos contra el total de ingresos del restaurante.

Sociales:

    a. Cantidad de empleados contratados de la comunidad en el restaurante con respecto al

total de empleados de la organización.
b. Cantidad de medios públicos de transporte que permiten arribar a la instalación contra el total de medios públicos de la comunidad.
c. Capacidad de parqueo en el restaurante contra la cantidad de vehículos que concurren al mismo.
d. Cantidad de vías de acceso al restaurante.
e. Existencia de páginas web propia del restaurante.

Culturales:

a. Valores arquitectónicos de la instalación
b. Recursos culturales disponibles como valor agregado al servicio

    c. Platos típicos de la comunidad que se ofertan con relación a la oferta general
    d. Bebidas propias producidas en la comunidad con relación al total de bebidas que se ofrecen
    e. Cantidad de cocteles con bebidas autóctonas contra el total de cocteles que se oferta

Medioambientales:

    a. Consumo de energía eléctrica del restaurante con relación al consumo general de la población.
    b. Energía producida por cogeneración en el restaurante contra la energía consumida.
    c. Consumo de energía diurna con relación al consumo de la energía nocturna.
    d. Consumo de agua en el restaurante con relación al

consumo de agua de la comunidad.
e. Consumo de agua diurna con relación al consumo de nocturno.
f. Nivel de ruido que genera grabado en relación al ruido que genera a través de grupos en vivo
g. Cantidad de gases que genera en relación al total de la producción.

Políticos:

a. Cantidad de leyes dictadas en la comunidad con relación al total de leyes dictadas en el país.
b. Cantidad de medidas propias del restaurante en relación a las leyes dictadas por la comunidad y el país.

La industria de la Restauración

La estadística respecto a los restaurantes como idea de negocios es lapidaria, dos de cada tres restaurantes cierra antes del segundo año de operación. Además tenga mucho cuidado en saber distinguir que una cosa es saber comer, saber cocinar, y otra cosa muy distinta es desarrollar un restaurante. Pero a no desesperar, los restaurantes también pueden ser un excelente negocio, tenga en cuenta algunos puntos importantes para no cometer errores:

1. Defina el estilo de negocio que quiere. Piense por anticipado que negocio le gustaría tener. Será una parrilla o un restaurante de categoría, o ambos juntos!! Recuerde que una vez que haya realizado la inversión, gastará

mucho dinero en convertir una parrilla en un restaurante de sushi.
2. Defina el cliente al que quiere atender. Así como es importante definir el estilo de gastronomía a ofrecer, también lo es el poder determinar a que tipo de cliente voy a dirigir mi oferta. Que nivel socioeconómico, que targets definimos. Esto ayudará a fijar la ubicación , estructura e imagen del negocio.
3. Realizar una investigación de mercado: esto permitirá reconocer lo que ofrece mi competencia, que tiene éxito y que no, como es el nivel de precios, que productos ofrecen, que está faltando. Cuáles son las necesidades del cliente que elegimos.

4. Realizar un proyecto de inversión: antes de arriesgar la inversión, arriesgue en el papel. El proyecto de negocio le permitirá determinar los montos totales de la inversión e incluso diagramar un esquema de flujos futuros, para testear el funcionamiento.

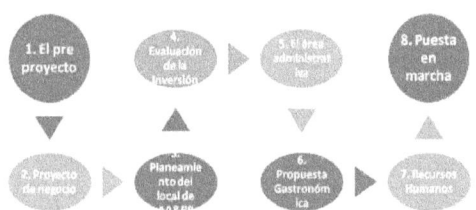

5. No ahorrar a la hora de invertir: En muchas ocasiones hemos visto como los negocios fracasan por escatimar en la inversión inicial. Si para montar nuestro negocio, tenemos que recurrir a maquinarias usadas, o a mobiliario de segunda categoría, estaremos condenando la suerte de nuestro establecimiento.
6. Diagrame el menú de forma inteligente. A la hora de planear el menú no elija los platos que a usted le gustan, o aquellos que la nona hacia en su infancia o incluso aquellos que usted sabe cocinar bien y que invita a sus amigos a comer. Defina el menú pensando en su clientela y analizando sus gustos y necesidades.
7. Defina correctamente los precios. No piense a última hora, después

los armo, ni más tarde me fijo a cuanto tiene tal o cual plato. Realice una estimación de costos del establecimiento y programe un sistema de fijación de precios adecuada.

8. Elija a los mejores colaboradores: si quiere a los mejores, los sueldos van a ser los mejores. Piense en grande, piense en el éxito y no en el fracaso. Realice una búsqueda y selección profesional del staff que trabajará con usted. Cree un verdadero equipo de trabajo.

9. Capacitar, capacitar, capacitar: si es una inversión y no un gasto. Que los empleados pueden irse, es verdad, pero trate de retener a los mejores. Invierta en capacitación para mejorar la experiencia del cliente y no

cometer errores en el servicio que le generen más costos.

10. Genere una identidad reconocible: su restaurante debe ser diferente a los demás, debe destacarse entre todos, debe ser reconocido por un estilo, un ambiente, una comida. Esmérese en crear una imagen que lo identifique y lo ayude a diferenciarse.
11. Antes de empezar disponga del dinero: he visto fracasar más de un emprendimiento por no poseer el capital necesario para invertir y preveer los primeros meses de funcionamiento. Los negocios no son rentables por lo general, en los primeros meses de funcionamiento.
12. Compre materias primas de calidad: Si quiero que me recuerden, debo dar a mis

clientes lo mejor que pueda ofrecer, no piense en ahorrar comprando productos de baja calidad.
13. Genere un objetivo: Piense en un objetivo al que pueda llegar, genere estrategias que lo ayuden a cumplir con el mismo. Establezca metas medibles y realizables. Y compártalo con su equipo.
14. No baje los brazos: esta es una actividad que requiere de mucho esfuerzo y dedicación. Si bien puede generar sistemas de control, circuitos administrativos adecuados, y contratar un buen gerente. En los primeros tiempos del restaurante, usted deberá seguir de cerca lo que ocurre. Recuerde que usted es otro miembro del equipo.

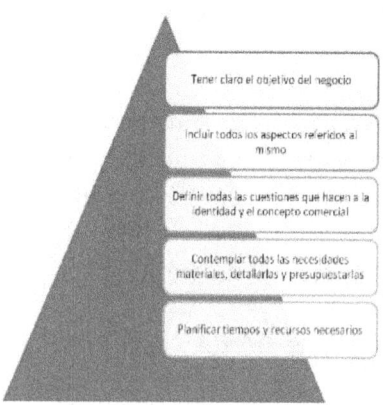

Los restaurantes de comidas especializadas

Salmón con relleno de Setas y crema de marisco

Los restaurantes de comidas especializadas o más bien restaurantes especializados abundan por todo el mundo, por lo que pueden encontrarse establecimientos especializados en comidas regionales y que van desde las más conocidas hasta otras no tanto, pero que su origen está dado fundamentalmente en buscar alternativas más atractivas para los clientes. La cantidad de establecimientos de comida mexicana, criolla, mediterránea, asiática, etc. hacen posible que sin importar el lugar donde se encuentre el cliente este pueda tener un contacto directo con la cultura, hábitos y preferencias alimentarios de los mismos.

En muchas ocasiones se cree que el éxito de este tipo de establecimiento esta dado por su comida, elemento que suele ser el pilar más importante de este negocio pero que sin embargo debe estar acompañado de otros elementos que pueden aumentar de forma considerable la aceptación y preferencia de los clientes potenciales o habituales. En esta modalidad como todo estilo de la nueva restauración no es sólo el producto es lo que importa, también lo "intangible", lo que no se ve, es decir, lo que acompaña al producto es de suma importancia: para lo que el servicio, la amabilidad, la decoración, todos los factores que forman parte de la "experiencia global" que va a vivir el consumidor, así como una adecuada política de marketing, deben planearse con cuidado para que sea un valor añadido en el producto final que se ofrece al cliente.

Sin duda alguna las elaboraciones culinarias deben estar estrechamente relacionadas con lo que se desea representar y por tanto el entorno y los elementos necesarios para llevar a cabo tal hecho deben estar bien sincronizados con la oferta y todo lo demás. Esto quiere decir que no solo se debe proyectar la preparación de este tipo de restaurantes en base a la cocina, sino que también el salón, su ambientación, disposición así como cada uno de los detalles durante el servicio deben estar definidos y establecidos para evitar improvisaciones durante la operación del mismo una vez que este se eche a andar.

Durante la proyección de un restaurante como todos, deben definirse de antemano muchos elementos y conceptos, pero para este caso en particular ante de su creación se debe estar muy seguro sobre cual es la línea de deseo para no perder tiempo y dinero durante la inversión o remodelación dado que una vez comenzada la obra volver atrás seria tirar estos dos elementos importantes a la basura. Inicialmente se debe trabajar sobre un estudio de mercado, tomando en consideración el riesgo que se corre al acometer la inversión o remodelación en el momento en que el producto sea aceptado o no por los consumidores. El trabajo conjunto entre los operadores, especialistas de arquitectura y diseño, entre otros, hacen posible que una vez finalizado el trabajo se pueda obtener un lugar estéticamente excelente, genuino, confortable y operativamente viable acorde a los objetivos iniciales además de ser un negocio rentable. Para todo esto deben haberse establecido estudios de perfil y factibilidad y dentro de los cuales se engloban toda una serie de elementos que caracterizan el producto y mediante el cual se prevé un comportamiento a mediano y largo plazo.

Sumado a esto debe tenerse en cuenta que en la industria hotelera también abundan con mucho los restaurantes especializados por lo que en este sentido será mucho más importante que se establezcan los parámetros de acuerdo a la concepción y modalidad de operación del hotel, teniendo en cuenta adicionalmente elementos que pueden influir de forma negativa o positiva en su explotación ya que la mayoría de los clientes que asistirán a los mismos serán huéspedes de la instalación. La posible doble funcionalidad de algunos restaurante que durante el día brinden un servicio snack u otro especifico y en la noche para la cena pase a ser un restaurante especializado es un elemento que debe estar presente en el momento en el que se tomen las definiciones, dado que esto afecta en el caso de una no buena planificación, en el desempeño y servicio de uno u otro concepto. De forma general antes y durante la preparación y ejecución de un proyecto de inversión o remodelación en relación con un restaurante especializado se revisaran con detalle cada uno de los elementos involucrados, condiciones de las infraestructuras de las salas y locales, dimensiones de las áreas, iluminación, suministro de agua, circulación de aire, humos y gases, vestuarios y servicios higiénicos, dependencias, instalaciones y equipamiento, requisitos de los materiales y equipos, facilidades para llevar a cabo los procedimientos de limpieza, desinfección y lucha contra plagas, desperdicios de productos alimenticios, e incluso las condiciones del transporte.

También el segmento de mercado para el que fundamentalmente se opere, así como los hábitos, preferencias y expectativas de los mismos deben ser un elemento en consideración para la determinación de cual o cuales serán los restaurantes que se podrán en funcionamiento.

Estudio de perfil

De haber concebido la idea sobre la especialización, ubicación según lugar disponible, servicio(s), cantidad de plazas, etc. sobre lo cual va a trabajar el restaurante, es necesario la realización de un estudio de perfil que permita definir los elementos esenciales del proyecto. Dentro de los aspectos con mayor importancia en este sentido se pueden mencionar:

1. **Estudio de mercado:** este comprende el análisis de la oferta y la demanda del mercado para el tipo de comida o especialización en cuestión y en el cual se estudiará si es una necesidad insatisfecha en dicho mercado y si en el lugar donde pretenda ubicarse puede existir un mercado potencial para este tipo de producto. Dentro de este

análisis se estudian disímiles aspectos dentro de los que se pueden encontrar:

a) *Análisis de la oferta*: se conoce como oferta a la cantidad de bienes o servicios que un cierto número de oferentes (productores) está dispuesto a poner a la disposición del mercado, a un precio determinado. Teniendo en cuenta esto se debe estudiar a los diferentes oferentes (competencia directa o indirecta) que se encuentran en el área así como sus características, en aras de buscar si existe cabida del producto dentro de las ofertas existentes. También será necesario conocer si la oferta es suficiente para la cantidad de clientes que tiene la zona y el nivel de aceptación de los mismos ya que permanecerán en el mercado los mas competitivos y que ofrezcan un valor agregado a sus productos y servicios, y dado que esto es decisión de los consumidores pues será de vital importancia conocer también sus gustos y preferencias.

b) Precios, costos y bienes sustitutos: la evaluación de los costos de las materias primas y los precios de venta de los productos finales deben mantenerse en un margen que permita una accesibilidad a los productos y que el negocio llegue a ser rentable, tomando en consideración las posibles fluctuaciones de costos y precios. En cuanto a los bienes sustitutos podrá también evaluarse la cantidad de productos en la oferta del área que pueden ser sustitutos del producto que se va a ofrecer, analizar sus precios y sus ventajas y desventajas en comparación con la futura oferta.

c) Características del mercado: deben estudiarse las características del mercado en cuanto al producto que se pretenda ofrecer y conocer cuánto se a explotado el mismo, etc. esto permite tomar decisiones hacia llevar o no a cabo el proyecto y en un futuro expandirse y crecer.

2. **Análisis de la demanda**: se entiende por demanda a la cantidad de bienes y servicios que el mercado requiere o solicita para buscar la satisfacción de una necesidad específica a un precio determinado. En este sentido debe caracterizarse a los clientes potenciales en el área, evaluando la edad, actividad que realizan, sus hábitos y preferencias alimentarios, etc. a través

de la utilización de encuestas que permitan evaluar una muestra significativa de estos clientes. A partir de ello se podrán obtener los aspectos hacia los que se inclina esta demanda y cuanto pueden estar dispuestos a pagar estos clientes por los productos, elementos en el que se debe trabajar para asegura el éxito.

3. **Procesos sustantivos y administrativos**: en estos procesos es donde mayormente se enfoca la atención en el control de la calidad, dado que se deben tomar en cuenta todos aquellos productos, materiales y utensilios necesarios durante la operación del restaurante teniendo en cuenta sus características. En este aspecto se concebirán cual o cuales serán los productos comestibles, materias primas necesarias y sus características, materiales de limpieza y desinfección,

equipos y utensilios para cocina e insumos para el comedor, etc. Dentro de estos procesos se encuentran todos aquellos que de forma operativa se llevaran a cabo de acuerdo con la concepción inicial, sin embargo algunos de estos no deberán olvidarse como los procesos de higiene, seguridad y desinfección. Para el caso de los administrativos un elemento fundamental es el proceso de reclutamiento y selección del personal donde será necesario definir que características deben cumplir los futuros empleados garantizando así el posible éxito. Un ejemplo lo bastante claro en este sentido esta dado por el éxito creciente que han tenido en el mundo los restaurantes japoneses, donde algunas de las razones expuestas en tal sentido se basan además de su atractivo, el espectáculo culinario y la ambientación, en el personal que en la mayoría de los establecimientos de este tipo suele ser originario del lugar y conoce a profundidad todos los elementos que deben formar parte en este tipo de restaurante.

4. **Estructura orgánica y física**: en este aspecto se deben definir las áreas que conformaran la instalación, como pueden ser entre las más comunes las áreas administrativas, áreas de cocina y salón, etc. Todo variará en dependencia de las condiciones reales para la construcción o remodelación además de la idea inicial en el proyecto y su alcance. En muchas ocasiones se aprovecha la conformación de las diferentes áreas para definir incluso los puestos de trabajo y sus funciones.

5. **Equipamiento**: aquí se evalúan los equipos tecnológicos que se utilizarán en las diferentes áreas de

trabajo, incluyendo de forma detallada las características del equipo, en cuanto a tecnología, conexión eléctrica, de agua, gas, etc. en función de lo que de preparará y de la forma de operación En los equipamientos de cocinas se debe evaluar su calidad desde tres puntos de vista: la funcionalidad, la seguridad y la robustez. Cada uno de estos elementos debe estar acorde con el área de trabajo, sus dimensiones y la cantidad de personas que laborarán en él y sus funciones, donde se puede tomar como indicador 1.20 m como distancia mínima requerida para el área en la que se desenvuelve el operario y 0.60 m en el área de equipamiento, según referencias de algunos autores.

Estudio de factibilidad

En este análisis se demuestra si el proyecto es factible o no desde el punto de vista financiero, analizando la inversión, los ingresos, etc. así como también se analiza de qué forma se pueden administrar los riesgos para que en caso de cualquier imprevisto no existan perdidas sustanciales, favoreciendo la toma de decisiones y de una metodología a seguir. A partir de ello se realiza un estudio que involucra aspectos tales como:

1. **Análisis Financiero**: este involucra un estudio financiero (inversión, activos fijos, activos diferidos, capital de trabajo), ingresos (ingresos de la venta, otros ingresos), costos (costos total de ventas, gastos variables, gastos fijos, de nomina de

operación, de servicio, etc.), flujos de caja, etc.

2. **Análisis de riesgos**: este es un elemento fundamental en la evaluación del proyecto ya que si las condiciones económicas bajos las cuales una inversión rentable fue considerada cambian drásticamente con el tiempo es muy probable que la rentabilidad cambie volviéndose poco o nada rentable. Es por ello que se debe verificar la sensibilidad que tiene el proyecto ante posibles cambios, que se evalúan por medio de tres diferentes escenarios, básico, optimista y pesimista. También se tienen en cuenta otros aspectos económicos de importancia y que sin dudas permiten tener una mejor visión de las probabilidades de éxito.

Una de las herramientas esenciales más utilizadas para examinar la interacción entre las características particulares y el entorno en el cual compiten los negocios en general y con mucha utilidad en el área de restauración es la llamada Matriz DAFO, cuyas siglas se refieren a examinar las Debilidades, Oportunidades, Fortalezas y Amenazas de cada organización en particular. Este análisis tiene múltiples aplicaciones y puede ser usado en todos los niveles de las empresas y en diferentes unidades de análisis tales como producto, mercado, producto-mercado, línea de productos, corporación, empresa, división, unidad estratégica de negocios, etc. y dentro del proceso de planeación estratégica.

El análisis DAFO consta de dos partes, una que se corresponde al ámbito interno de la institución, relacionado con las fortalezas y las debilidades que obstaculizan el cumplimiento de sus objetivos estratégicos y el ámbito externo, segundo complemento de este análisis que se refiere a las oportunidades que ofrece el mercado y las amenazas que debe enfrentar la organización en el mismo.

Se conoce como fortalezas a aquellos elementos o actividades de la institución que posibilitan una mejor actuación de la misma en relación a sus competidores directos, por otra parte las debilidades se refieren a elementos o actividades que la hacen potencialmente vulnerable a los movimientos de los competidores y variaciones en su entorno. Esto quiere decir que se tiene que desarrollar toda la capacidad y habilidad para aprovechar las oportunidades y para minimizar o anular las amenazas, circunstancias sobre las cuales se tiene poco o ningún control directo. Estas oportunidades se basan en los hechos potenciales que facilitan a la institución la determinación y logros de objetivos estratégicos y su origen puede situarse en cambios tecnológicos y/o en el mercado a gran o pequeña escala, cambios en los modos de conducta sociales, estilos de vida, etc. de esta forma se trabaja para potenciar fortalezas y aprovechar oportunidades, minimizar amenazas, y superar las debilidades.

Matriz DAFO. Características generales

Este análisis es conocido como la herramienta que proporciona una imagen estática de la situación de la institución en el momento de su realización, por tanto es un documento que conviene actualizar con cierta periodicidad, sobre todo cuando se producen cambios importantes en el entorno y en la propia organización. Debe ser utilizado como un documento reflexivo para la institución en los procesos del presente y del futuro, por lo que su elaboración se basará en la realidad utilizando elementos simples y concretos.

Es aconsejable según algunos autores que de forma general se realice el análisis individual para cada organización formándose un equipo de trabajo, sin embargo adicionalmente se podrán tener en cuenta los siguientes aspectos específicos:

- Definir conceptos incluidos como factores internos y externos según se muestra a continuación

1) *Internos* **(Tomado de I.E.S. Consaburu M. Departamento de Administración Pablo Peñalver Alonso)**

   a. **Orientación:** actividad principal que tendrá la empresa

b. **Know-how:** el saber hacer, la experiencia
c. **Objetivos:** expectativas reales de lo que se pretende conseguir a corto y medio plazo
d. **Equipo profesional:** grado de cualificación con respecto a actividades y tareas
e. **Productos:** lo que se vende a terceros con el fin de obtener beneficios
f. **Rec. Informáticos:** necesarios para la actividad
g. **Rec. Económicos:** disponibilidad para cubrir necesidades
h. **Rec. Financieros:** capacidad para captar recursos financieros de terceros
i. **Estructura:** organización y responsabilidad
j. **Dinámica:** procesos, funciones que permiten el desarrollo de la actividad

2) *Externos (Tomado de I.E.S. Consaburu M. Departamento de Administración Pablo Peñalver Alonso)*

a) **Competencia:** empresas que se dedican a la misma actividad y llegan al mismo cliente
b) **Coyuntura:** situación actual del mercado y cómo afectan los indicadores económicos
c) **Hábitos de compra:** usos y costumbres de los clientes y que motiven a comprar a la empresa
d) **Mercado potencial:** colectivo representado por los cliente potenciales
e) **Innovaciones:** cambios tecnológicos que afectan al proyecto
f) **Imagen marca:** si son conocidos como empresa y qué se sugiere a los clientes

g) **Proveedores:** forma en que influyen en las decisiones y modifican o alteran servicios
h) **Legislación:** forma en la que afectan las leyes actuales
i) **Tendencia Económica:** cómo afecta la evolución de la coyuntura en el corto y medio plazo
j) **Tendencia Social:** cambios que se prevén se producirán en las costumbres en el corto y mediano plazo

- Considerar los conceptos de los factores internos como debilidad-fortaleza .
- Considerar los conceptos de los factores externos como oportunidad-amenaza.
- Valorarlos con una puntuación asignados dentro de un intervalo numérico, en la que se puede

utilizar según el nivel de importancia (Ej. 5- Vital; 4- Muy importante, 3- Importante, 2- Significativo y 1- Poco significativo). Esto ayuda aún más a profundizar y a establecer el conjunto de criterios que den mayor certidumbre a las decisiones que de ello se derivan.
- Cada concepto sólo puede ser una cosa, si es debilidad no puede ser fortaleza.
- Procesar los resultados. En resumen esta matriz puede utilizarse para graficar la posición de la empresa, en cuál cuadrante tiene más condiciones para operar, lo que valida y complementa el análisis de los impactos efectuados.
- Dar conclusiones según resultados obtenidos.

- Adoptar una estrategia de empresa. Para ello se puede expresar en el Problema Estratégico de la empresa y la Solución General Estratégica para revertir la situación.

Esta Matriz indica cuatro estrategias alternativas conceptualmente distintas, en la práctica, algunas de las estrategias se traslapan o pueden ser llevadas a cabo de manera concurrente y de manera concertada. Pero para propósitos de discusión, el enfoque estará sobre las interacciones de los cuatro conjuntos de variables.

- **La Estrategia DA (Mini-Mini).** (Debilidades –vs- Amenazas), es el de minimizar tanto las *debilidades* como las *amenazas*. Una institución que estuviera enfrentada sólo con amenazas

externas y con debilidades internas, pudiera encontrarse en una situación totalmente precaria. Sin embargo, cualquiera que sea la estrategia seleccionada, la posición DA se deberá siempre tratar de evitar.
- **La Estrategia DO (Mini-Maxi).** (Debilidades –vs- Oportunidades), intenta minimizar las *debilidades* y maximizar las *oportunidades*. Una institución podría identificar oportunidades en el medio ambiente externo pero tener debilidades organizacionales que le eviten aprovechar las ventajas del mercado. Una táctica alternativa podría ser obtener mayor presupuesto para construir las instalaciones necesarias. Es claro que otra estrategia sería el no hacer absolutamente nada y

dejar pasar la oportunidad y que la aproveche la competencia.
- **La Estrategia FA (Maxi-Mini).** (Fortalezas –vs- Amenazas), se basa en las *fortalezas* de la institución que pueden copar con las *amenazas* del medio ambiente externo. Su objetivo es maximizar las primeras mientras se minimizan las segundas. Esto, sin embargo, no significa necesariamente que una institución fuerte tenga que dedicarse a buscar amenazas en el medio ambiente externo para enfrentarlas. Por lo contrario, las fortalezas de una institución deben ser usadas con mucho cuidado y discreción.
- **La Estrategia FO (Maxi-Maxi).** (Fortalezas –vs- Oportunidades) Tales instituciones podrían echar mano de sus *fortalezas*,

utilizando recursos para aprovechar la *oportunidad* del mercado para sus productos y servicios. Las instituciones exitosas, aún si ellas han tenido que usar de manera temporal alguna de las tres estrategias antes mencionadas, siempre hará lo posible por llegar a la situación donde pueda trabajar a partir de las fortalezas para aprovechar las oportunidades. Si tienen debilidades, esas instituciones lucharán para sobreponerlas y convertirlas en fortalezas.

La utilización de los Análisis DAFO en las estrategias de la empresa

La selección de la estrategia necesaria para una organización concreta, siempre va a depender de las posibilidades de ventajas competitivas defendibles que tengan las mismas, en este sentido, la empresa o entidad debe clarificar que es lo que sabe hacer muy bien, que sea muy importante para los clientes y de muy difícil imitación por los competidores.

La estrategia de la empresa debe prepararse sobre la base de los recursos y debilidades con que la organización cuenta ahora, no en el *futuro*. Pero, el impacto de esa estrategia será en el *futuro*, en el que los factores del entorno pueden modificarse significativamente. En definitiva, el propósito esencial de la estrategia es adaptar y preparar a la empresa para enfrentar las condiciones previsibles en su entorno en el futuro. Ese *futuro* es cercano. Los especialistas proponen que sea de 3-5 años. Consideran que un período mayor es difícil de predecir por la organización. Además, su estimación entraría en el ámbito de los "pronósticos", que requiere un instrumental conceptual, técnico y matemático muy diferente a la dinámica e inmediatez que debe caracterizar los procesos de planeación estratégica.

La matriz DAFO es una herramienta atractiva por sus múltiples beneficios, especialmente de gran apoyo para la planificación estratégica además de que, como algunos destacan, es fácil de aplicar, es analítica, propositiva, y cuyo único requisito consiste en trabajarla o desarrollarla a través de la integración de un equipo de trabajo, algunos de sus beneficios se destacan a continuación:

- Determinar las posibilidades reales que tiene la empresa, para lograr los objetivos que se había fijado inicialmente y poder ubicarla en su estado de desarrollo para la concreción de estos.
- Que los propietarios o responsables adquieran conciencia, sobre los obstáculos que deberá afrontar.
- Permite explotar más eficazmente los factores positivos y neutralizar o eliminar el efecto de los factores negativos.

Uno de los errores más recurrentes que comete el empresario o el directivo es pensarse que este tipo de análisis se circunscribe y se limita solo a la fase de constitución de la empresa, solo al plan de negocio y que el mismo después no requiere de ninguna *actualización*, craso error pues de no actualizarlo regularmente, de no hacer un nuevo análisis en profundidad el mismo dejara de tener valor. Muchas de las conclusiones obtenidas como resultado del análisis DAFO, podrán ser de gran utilidad en el análisis del mercado y en las estrategias de mercadeo que diseñe y que califiquen para ser incorporadas en el plan de negocios.

Un referente importante para todo empresario que pretenda invertir en la construcción o adaptación de restaurantes lo viene a ser Ernst Neufert con uno de sus tantos aportes literarios sobre el mundo de la arquitectura y, muy en particular, con su obra "El arte de proyectar en arquitectura", quien dedica todo un capitulo al diseño arquitectónico de restaurantes en sus diversas modalidades (independientes, en hoteles, trenes y aviones), además de exponer los requisitos arquitectónicos para la construcción de cocinas.

Aunque cada país emite sus propias normas para el diseño y construcción de instalaciones gastronómicas, el eje fundamental de este artículo se sustentará en aquellas consideraciones que tan importante arquitecto señala en su libro, sin descuidar aquellos factores que inevitablemente, resultado de la modernización de la industria, las relaciones con el medioambiente y los propios cambios que exigen los clientes deben ser tomados en consideración como la iluminación, ventilación, instalaciones eléctricas, sanitarias, de gas y cloacas, el ambiente interior y exterior, la climatización e insonorización, así como algunos aspectos propios relacionados con las áreas de bar, cocina, caja y salón.

Tomando como referencia al afamado arquitecto, este plantea que lo primero que se debe hacer antes de proyectar un restaurante es estudiar la forma de organización que se pretende establecer con el propietario del local, muy particularmente el tipo de oferta, calidad y cantidad de alimentos que se van a ofrecer, el sistema de servicios que se adoptará (menús fijos, a la carta o self service) así como la existencia o no de dependientes para el servicio. Igualmente señala como un requisito importante conocer a qué público se dirige la oferta y las aspiraciones de capacidad de carga. Neufert precisa estos aspectos para poder, de conjunto con los especialistas, planificar los diseños de la cocina, las instalaciones de cámaras frigoríficas, eléctricas, aires acondiciones y de calefacción, así como todo lo relacionado con la plomería (fontanería). También señala que en correspondencia con el entorno donde se ubicará el restaurante dependerá la imagen exterior.

Aprovechando la extensa literatura que los medios de información ponen a nuestro alcance, especialmente los que recogen aquellos requisitos que exigen los distintos países con relación a las características que deben cumplir los restaurantes, abordaré, de forma muy sintética, aquellos elementos que requieren especial atención en este proceso de diseño, construcción y puesta en marcha de instalaciones gastronómicas, porque considero que constituyen las arterias que garantizan el flujo adecuado de todos los procesos que tienen lugar dentro y fuera del restaurante y porque aseguran, además, confianza y garantía, tanto para sus dueños, como para sus trabajadores y clientes.

Independientemente de a qué público se dirige la oferta y el horario de servicio que se establecerá, el restaurante como instalación estará conformado por paredes, techo, suelo, puertas, ventanas, instalaciones hidráulicas, así como de otros elementos que vienen a tributar al confort del mismo y que deben cumplir ciertos requisitos, los cuales resumiré al final del presente y cuyo principal objetivo es garantizar la higiene adecuada, la seguridad del personal que transporta y elabora alimentos, así como la garantía de que los clientes consuman alimentos inocuos y disfruten de un ambiente acogedor.

El aspecto exterior: antesala de la atracción

Ya no es suficiente para un restaurante un servicio de calidad. La imposición de competencias surgidas de repente por la proliferación de la actividad gastronómica como negocio, y como primera alternativa para emprendedores, obligan a tomar en consideración otras variables que contribuyan al acercamiento al cliente.

De este modo, resulta vital compensar la imagen exterior con la interior y a su vez con el servicio. El poder atraer al cliente por un entorno exterior matizado por otros atractivos que no sean la comida, constituyen atributos por los que el cliente se forma una imagen del producto/servicio sin haberlo probado anteriormente. En este sentido, y en mi modesta opinión, elementos que deben ser considerados y estudiados al momento de proyectarse un restaurante con relación al espacio exterior y que expresaré en forma de preguntas son:

Accesibilidad al restaurante.

- ¿Qué vías existirán o se concebirán para que el cliente pueda acceder al restaurante?;
- ¿Estará debidamente pavimentada la vía?;

- ¿Se dispondrán de la señalética vial suficiente para que el cliente pueda llegar sin dificultades?;
- ¿Existirán medios de transporte público con acceso a la zona?;
- ¿Existirán zonas de espera ante situaciones de repentinas lluvias u otros fenómenos atmosféricos?;
- ¿funcionan las zonas de desagüe de modo tal que finalizada la lluvia el acceso al restaurante quede libre de acumulaciones de basura y agua?;
- ¿Qué otros atractivos existen y cómo puedo aprovecharlos?

Paisajes, vista diurna y atmósfera visual nocturna: en correspondencia con el área donde estará enclavado el restaurante:

- ¿Existirán jardines y estarán cuidados y podados?;
- ¿Los parques de la zona estarán adecuadamente cuidados, con sus banquetas pintadas y en buen estado?;
- ¿Los colores del restaurante armonizarán con los colores del resto de la zona?;
- ¿Están iluminados los alrededores del restaurante?;
- ¿Mi cartel de identificación está diseñado de forma sobria y concuerda con el entorno?;
- ¿Accede a la zona los órganos de represión y seguridad?

El aspecto interior: fuente de fidelización

Tanto como el exterior permite atraer o formar una imagen en el cliente de cómo será el servicio, el aspecto interior, o más bien los elementos que intervienen, vienen a ser como el remate a ese proceso de atracción. Diseñar la ambientación del local, en correspondencia con el tipo de servicio o temática escogida debe contribuir a completar esa imagen que se ha formado en el cliente, no obstante algunos detalles que para mi son importantes son los siguientes:

- ¿Se aprovechará la luz natural?, si es así cómo evitar que los reflejos del sol a través de las ventanas, sin tener que emplear medios artificiales como cortinas, incidan directamente sobre el cliente.
- ¿Las instalaciones eléctricas (en este caso las luminarias) permitirán ser manipuladas independientemente, o sea, podré aumentar la intensidad de la luz en un área, mientras que en otra podré disminuirlos?;
- ¿Las plantas ornamentales serán naturales o artificiales?;
- ¿La climatización del área podrá, como las luminarias, ser controlada por zonas?

La distribución del local: Capacidad versus Capacidad

Según el criterio de expertos, el espacio de un local viene a constituir el elemento más difícil de medir, pero a su vez deviene en el más importante, pues además de visionarse las distintas áreas de servicio y apoyo a éstas, se deben considerar las posibilidades de ampliación en las operaciones, que a su vez implica el crecimiento en maquinarias, equipos y mobiliario sin interrumpir o afectar la circulación de clientes y personal de servicio.

De acuerdo a lo expresado anteriormente, sin importar el tamaño del local, éste dispondrá de tres áreas obligatorias: la zona de preparación, elaboración y cocción de los alimentos (Área de Cocina), la zona de elaboración y servicio de bebidas (Bar) y la zona de consumo (Salón-Comedor). Cada una ocupará una superficie dentro del edificio que conforma la instalación, la cual debe ser calculada previamente y que en el artículo al que hacía referencia se explica.

No obstante para que estas tres áreas funcionen adecuadamente se deben estimar los espacios que ocuparán las áreas de apoyo, las cuales deben cumplir con ciertos requisitos. Dentro de estas áreas se encuentran las oficinas, almacenes, locales para la recepción y reparación de equipos por mantenimiento, entre otros, y que ergonómicamente deben responder también a la salud y bienestar del personal que en ellas laboran. En mi consideración, al momento de realizar la distribución del local, independientemente de las medidas espaciales se deben considerar otros aspectos como:

- ¿El área que corresponde al almacenamiento a qué distancia de los puntos de ventas se encontrará y que medios se emplearán para el traslado de las mercancías?
- ¿El área de recepción de mercancías a los proveedores permitirá el acceso a todo tipo de vehículo?

- ¿Existirán para los almacenes rampas, con esteras o sin ellas, para la descarga de los productos?
- ¿La zona de mantenimiento dispondrá de la capacidad suficiente el ingreso de grandes equipos?
- ¿Las oficinas estarán aisladas del ruido?
- ¿Las aguas albañales desaguarán fuera de las instalaciones de servicio, de modo tal que si se produce un desbordamiento no afecten el servicio?
- ¿Las áreas de evacuación y salidas de emergencia del personal ante catástrofes serán suficientes para asumir el desaforo de clientes y trabajadores en un momento de máxima carga?

En cuanto a las propias áreas de cocina y salón estas deben estar distribuidas de una forma lógica, donde se produzca un flujo desde el momento de recepción de las mercancías hasta el momento de ser servidas, evitando que se produzcan entrecruzamientos de alimentos (olores y sabores) y donde se cumpla el principio de marcha hacia delante (los alimentos no retrocedan a una etapa anterior). Este aspecto es importante y muchas veces se considera pero no se cumple. Es importante señalar que estás áreas no es conveniente ubicarlas en sótanos.

De igual manera la zona del Salón – Comedor debe ser especialmente tratada al momento de distribuir su espacio, fundamentalmente los principales problemas que he podido presenciar están asociados a la ubicación y el espacio de trabajo del Bar.

Una medida que no aparece reflejada en la literatura de forma consistente es el tamaño de esta área. He realizado algunos estudios y ellos me han permitido arribar a la conclusión de que el bar como mínimo debe ocupar un espacio de 5.5 metros de largo por 2.5 de ancho. Estas medidas se deben a que su centro (tarja o fregadero) generalmente ocupa un espacio entre los 1.5 y 3 metros que debe, idealmente, ser colocado al centro, debajo del mostrador, y a sus lados se colocan otras maquinarias, como refrigeradores, fabricadores de hielo, etc., así como encima de ella se debe disponer de todo el soporte tecnológico, y la comodidad necesaria para que el barman realice sus funciones.

Otro elemento, y en el que el bar también juega un papel importante, es el espacio destinado al vestíbulo o sala de espera, el cual debe ser equivalente al 10% del área del salón comedor. Las preguntas asociadas a este tema están dirigida a:

- ¿El lobby del restaurante estará vinculado al área de bar para que se produzcan consumiciones durante la espera de los clientes?
- ¿El diseño del bar permitirá atender clientes por impulso (clientes de paso para adquirir bebidas enlatadas y cigarros), los clientes que esperan y los que hacen uso del Salón – Comedor a la vez?
- ¿Existirá una zona neutra para el transito de los clientes que se retiran, los que entran y los que esperan?
- ¿Las instalaciones sanitarias estarán diseñadas en función de que no se produzcan esperas y los

clientes del salón puedan hacer uso de ellas inmediatamente sin afectar el bienestar de los clientes que esperan?
- ¿Se podrá fumar en esta área sin que se perciban los olores en el salón comedor?

Muchos restaurantes incorporan plataformas para la presentación de espectáculos durante el servicio. Estas plataformas deben ser de madera u otro material deslizante, pintadas de otro color diferente a los del local, de forma tal que pueda ser percibida por los clientes en su tránsito por las áreas del Salón - Comedor. En cuanto a los niveles de ruido se deben adoptar medidas que no afecten el medioambiente del Salón - Comedor y el resto de las áreas de trabajo del restaurante. Con relación a este tema se deben cuestionar lo siguiente:

- ¿Dónde se ubicará el equipamiento acústico: mezcladoras, espacio de trabajo del operador de audio, bafles, etc.?
- ¿Podrá ser retirada con facilidad esta plataforma en un momento de necesidad del espacio?;
- ¿Será desmontable para su traslado hacia otra zona?;
- ¿Tendrá la capacidad para asumir grupos de grande formatos?
- Las puertas y ventanas se hermetizan al cerrarlas para evitar la fuga de ruidos

La arquitectura del restaurante: aspectos medulares

En cuanto a las características generales que deben ser respetadas por arquitectos y constructores, así como deben ser chequeadas por el encargado del restaurante en el proceso constructivo, para que las operaciones se puedan realizar eficientemente y se garanticen los principios de higiene que demanda la actividad son las siguientes (aclaro que esto es un resumen conciliado de todos aquellos aspectos que las distintas normas recogen en cuanto a requisitos arquitectónicos del restaurantes). Sólo muestro los que guardan especial relación con la construcción del mismo. Existen diversos requisitos que están directamente asociados a la higiene y conservación de los alimentos que usted puede consultar en las normas que su país emite al efecto.

Suelos:

- Deben ser impermeables, inabsorbentes, lavables y antideslizantes.
- Deben estar libres de grietas
- Se caracterizarán por su facilidad para la limpieza y desinfección
- Deberán poseer una pendiente suficiente para que al ocurrir derrames de líquidos estos se escurran hacia las bocas de los desagües

Paredes:

- Deben ser construidas de material impermeable, inabsorbentes y lavables
- Deben ser lisas y sin grietas hasta una altura de 1,5 m como mínimo (Zócalo sanitario).
- Su unión con los pisos será hermética,

firme y poseerá bocel sanitario (Terminación cóncava entre paredes con pisos y techos)

Techos:

- Impedirán la acumulación de suciedad y la formación de mohos.
- Deben ser pintadas con pinturas hidrófobas de colores claros y brillantez moderada.
- Deben facilitar la limpieza y desinfección
- Los falsos techos (en caso de tenerlos) deben ser lavables, sellados y desmontables.

Ventanas:

- Sus características y diseño evitarán la acumulación de suciedad.
- Aquellas que pueden ser abiertas deben estar provistas de rejillas a pruebas de

insectos, las cuales deben ser fáciles de desmontar.

Puertas:

- Deben ser de superficie lisa e inabsorbente, con cierre automático y ajustado

A todo lo anterior súmele en el caso de puertas y ventanas las dimensiones establecidas para el tránsito del personal hacia las áreas, así como para la recepción o retiro de mercancías.

Las consideraciones básicas a tener presente para el diseño de restaurantes

El diseño de un restaurante es vital para poder brindar un servicio de calidad, el no poner atención a este aspecto el resultado se verá reflejado en pérdidas por remodelación, pérdidas en la operación, tanto de tiempo como en materias primas, así como, dificultad en el control y seguimiento del elemento humano y material. Un referente para este tipo de construcciones lo es el libro "El Arte de proyectar en arquitectura" de Ernst Neufert. En él se exponen todas aquellas cuestiones de índole constructiva que deben ser tenidas en cuenta para restaurantes de distintos tipos y con distintos fines: aeropuertos, trenes, hospitales, etc.

En una revisión rápida de esas normas que se establecen en los distintos países, cuyos objetivos están encaminados a garantizar las mejores condiciones para ofrecer servicios, todas coinciden en que los puntos más importantes a considerar al diseñar un restaurante son los siguientes:

- **Circulación:** considerar las rutas a seguir por los clientes y el personal de servicio, posiciones y otros requisitos de espacios de corredor, pasillos, entradas y salidas.
- **Decoración:** decidir el esquema básico de interiores, así como todos los aspectos constructivos para crear el carácter y estilo del restaurante.
- **Organización de mesas y asientos:** teniendo en cuenta el acceso, servicio, ventanas y otros aspectos del salón comedor, preparar el esquema interior mostrando la organización de mesas y asientos.
- **Pavimento:** considerar la construcción del pavimento y seleccionar revestimientos de suelo adecuados, teniendo en cuanta la decoración de salón y

demás condiciones como por ejemplo: La intensidad de uso, grado de confort, materiales aislantes de ruido, facilidad de limpieza, etc.
- **Paredes:** examinar la selección de revestimientos y recubrimientos de paredes pensando en la posibilidad de variar el acabado superficial en caso de manchas, raspaduras y desgaste.
- **Techo:** decidir la construcción y acabado apropiado para el techo, teniendo en cuenta su altura, decoración, riesgo de incendio, regulación de la calefacción, ventilación, iluminación, y la necesidad de incorporar nuevos servicios.
- **Accesorios y equipo:** seleccionar y diseñar expresamente los accesos y equipos adecuados

para el salón, incluyendo mobiliario integrado y otras unidades y detalles decorativos.
- **Mobiliario:** especificar detalles del mobiliario: tipo, estilo, calidad, cantidad y requisitos en cuanto a fabricación y diseño.
- **Ruido:** considerar la necesidad de reducir el ruido que entra del exterior y de la cocina.
- **Ventilación:** examinar las disposiciones para calefacción y ventilación adecuadas a las condiciones variables.
- **Iluminación:** decidir los niveles apropiados para la iluminación funcional, el grado de variación de la iluminación y medios de regulación.
- **Protección y seguridad:** revisar el riesgo de incendio, accidentes y otros peligros, considerando las

previsiones de escape en caso de que ocurran estos.
- **Control:** determinar situación diseño y servicio de los muebles de caja, puestos para el servicio y demás unidades precisas para el funcionamiento y control del restaurante.

Ahora bien, el corazón de un restaurante está en las áreas donde se elaboran los alimentos y en donde estos se consumen. De forma particular, además de las anteriores normas generales se deben considerar de forma independiente los siguientes criterios para:

El diseño del área de Cocina

Se entiende como área de elaboración o cocina el lugar donde se preparan, elaboran y conservan los platos y composiciones culinarias. En la misma se encuentra instalado el equipamiento necesario, tanto mecánico como de funcionamiento con diferentes tipos de energía, fuego, refrigeración y climatización, el mobiliario, medios de protección, herramientas, utensilios y accesorios y su diseño debe responder a:

- **Políticas de abastecimiento:** considerar la política de compras, preparación de la comida y selección del menú en relación al tamaño de la cocina, personal, equipamiento y costos de inversión.
- **Almacenamiento de la comida:** analizar el método de adquisición de comida, disponibilidad de suministros locales, zonas de almacenaje requeridas para verduras, secos, almacenamiento de congelación y refrigeración.
- **Control:** métodos de control de existencias, recuento y pesado de productos, almacenes y refrigeradores de cocinas secundarias.

- **Espacio de preparación:** determinar las necesidades de espacio para la preparación de los platillos.
- **Distribución:** distribución de rutas de circulación de alimentos, acceso cómodo a almacenes, cocina y servicio, zonas de trabajo, etc.
- **Zonas de cocción:** decidir el tipo de equipo requerido en función de la política de abastecimiento, selección de la carta y demanda.
- **Distribución del equipo:** planificar corredores y espacios de trabajo del equipo, en relación con la preparación y el servicio de los alimentos.
- **Servicios de ingeniería:** decidir requisitos de ventilación, calefacción especial, iluminación, suministros de agua caliente y fría, servicios

- **Eliminación de residuos:** disponer de espacios para el almacenaje de desperdicios y acceso de camiones de basura, así como, canalizar adecuadamente los desperdicios líquidos a la alcantarilla pública.

Particularmente en este tipo de instalación se deben asegurar las condiciones estructurales que permitan que se aplique el *"Principio de marcha hacia delante"*, o sea, que no se produzcan retrocesos o cruzamientos alguno con alimentos sin procesar ni con basuras, desperdicios e insumos usados por los clientes, desde el momento en que son recepcionadas las mercancías en el andén, su traslado al almacén y las diferentes áreas de preparación, cocción y terminación de los alimentos y bebidas, hasta su envío a los salones o

eléctricos y de gas, depósitos de desperdicios y drenaje.
- **Mantenimiento:** considerar las necesidades de mantenimiento: acceso, espacio de trabajo, limpieza y recambios, así como almacenaje de materiales de limpieza.
- **Construcción:** decidir materiales para suelos, paredes y techos, así como, necesidades en cuanto a drenaje, higiene, limpieza, durabilidad, reducción de ruido, reflexión de luz, acceso a servicios.
- **Administración:** disposición de espacios para la supervisión y actividades administrativas.
- **Normas de higiene en alimentos:** analizar requisitos legales de inspección y normas sanitarias.

áreas del servicio gastronómico para ser consumidos por el cliente.

El diseño del área de Servicios

(Salón – Comedor)

Los salones o áreas para la prestación de los servicios

gastronómicos se diseñarán y proyectarán en correspondencia con los antes mencionados criterios generales, teniendo especial cuidado en la distribución del mobiliario, los espacios entre clientes y para el servicio entre mesas, la iluminación, cromatismo, aislamientos de ruidos y los entrecruzamientos, desde la cocina, de olores de las preparaciones. Siendo un elemento muy importante a considerar el asociado a **la medición de la capacidad del restaurante**.

Una medida adecuada de la capacidad del restaurante sería similar a las mediciones de capacidad de otros negocios – siendo la misma unidad de producción para una unidad determinada de tiempo. Los aspectos a tratar son la producción específica y la cantidad de tiempo a medir. De esta manera se deben contar la cantidad de clientes procesados atendidos totalmente durante un periodo de cena dado. Éste término denota la culminación de un ciclo de servicio, el cual se puede definir como la secuencia completa de los pasos de servicio que agregan valor desde el saludo hasta el sentado del cliente, pasando por el cobro de la cuenta y terminando en el momento en que la mesa está preparada y lista para recibir a otro invitado. De ahí que el primer paso para calcular la capacidad es medir el tiempo del ciclo del servicio.

Herramientas asociadas a la capacidad y su uso óptimo

Un dato esencial en los modelos de planificación o de programación de servicios es la capacidad ideal requerida en cada período comprendido en el horizonte de programación[2]. Cuando no existen instrumentos para acoplar la demanda y la capacidad productiva, el valor medio de esta última en cada período tiene que ser superior a la demanda media prevista para el mismo, pero dicho valor no es observable o previsible directamente, sino que depende de la demanda prevista y del nivel de servicio que se desea alcanzar. Los procedimientos para calcularlo han sido objeto de una atención relativamente escasa en la literatura.

La primera particularidad que posee el sector restaurantero es que si no se calcula bien o se cumplen con los principios de diseño establecidos para el servicio, se verá afectado el mismo. Otra cuestión es que una vez que se ha construido el local, o adaptado el mismo, para las operaciones, se dificultará el hecho de responder a una demanda creciente. Es por eso que la determinación de la capacidad instalada y el buen uso que de ella se haga representan el primer aspecto a tener en cuenta para la consecución de los objetivos económicos y sociales que se planteen. Un administrador no puede fijarse metas por encima de lo que realmente sea capaz de asumir.

Erróneamente muchos restauranteros piensan que mientras más comensales asuman mayor será el beneficio que recibirá el restaurante. No valoran el costo de la satisfacción que eso implica y el retardo que para cocina y el propio dependiente representa al momento del servicio.

Cálculo de la capacidad de asiento conociendo el espacio que se ocupará

Cuando se conocen las dimensiones del espacio que ocupará el área de salón se puede aplicar el método del cálculo del área y determinar la cantidad de comensales que se pueden asumir en un momento de máxima carga.

Según normas internacionales[3] se sabe que el cliente promedio ocupa aproximadamente un metro cuadrado de espacio incluyendo las mesas y sillas y si a esto se le agregan 20 cm por concepto del espacio que ocupan los pasillos, aparadores, etc., en general van a ser necesarios 1.20m2 por persona.

Para hacer la operación del cálculo y determinar la cantidad de clientes que se pueden asumir en un salón, se deben tener como datos el largo y ancho y multiplicarlos, el resultado de la operación se divide entre la suma del espacio para cliente, según el tipo de establecimiento, más 0,20 m2 y el cociente será la cantidad aproximada de personas que el salón podrá asumir en un momento de máxima carga.

Matemáticamente se representa de la siguiente forma:

$$C = \frac{L(m) \times A(m)}{e(m) + 0.20 m^2}$$

Donde:
C = Capacidad instalada
l = Largo del restaurante (metros)
A = Ancho del restaurante (metros)
e = Espacio que ocupa el cliente según el tipo de establecimiento
0,20 m2 = Constante de espacio para servicio y mobiliario

Rangos estándares que ocupa cada cliente en los distintos tipos de establecimientos es el siguiente:

Cafetería con comida – 85cm2 – 100cm2
Fuente de Soda – 65cm2 – 100cm2

Restaurante de Lujo - 100cm2 – 200cm2
Servicio Banquetes - 150cm2 – 250 cm2

Este tipo de cálculo es solo aplicable a locales donde ya se conoce el espacio disponible y se precisa determinar qué capacidad es posible asumir en un momento de máxima carga y por consiguiente distribuir el mobiliario.

Cálculo de la capacidad de asientos conociendo el área donde se construirá el restaurante

Cuando solo se conocen las dimensiones de un área que se convertirá en un restaurante, no es posible aplicar el procedimiento anterior. En este caso será necesario determinar las dimensiones que ocuparán el salón y la cocina aplicando otro sistema de cálculo.

Para ello es importante conocer que las dimensiones deben ser adecuadas a los servicios que deben rendir. Una vieja regla plantea que el tamaño óptimo de una cocina es el de las tres cuartas partes (3/4) partes del salón o menos, pero nunca menos de la mitad de su superficie. Sea cierta o no esta regla, lo importante es conocer que cuando el espacio es insuficiente se imponen limitaciones, ya sean desde el punto de vista de personal, equipamiento, almacenamiento, etc.

En este supuesto se debe proceder de la siguiente forma:

Primero: se determinan los espacios para el salón y cocina aplicando la regla del porcentaje: Al área asignada se aplica el 60% para el salón y el 40% para la cocina que ocupará las ¾ partes en tamaño del total del salón:

$$Espacio = Área\ Total \times \left(\frac{\%}{100}\right)$$

Segundo: conociendo ya las dimensiones del área que ocupará el salón, se determina la cantidad de comensales que se pueden asumir en un momento de carga total aplicando el procedimiento ya revisado y se procede a definir las ubicaciones de las mesas y sillas, atendiendo a las normas establecidas para este tipo de actividad, cuidando que se dispongan de opciones para los siguientes grupo de mesas acorde a sus dimensiones.

Capacidad	Cuadradas	Redonda
Mesas de 2 personas	(75x75 cm)	
Mesas para 4 personas	(75x75 cm)	90-100
Mesas de 4 a 5 comensales	(120x75 cm)	105 cm
Mesas para 6 personas	(150x75 cm)	120 cm
Mesas de 6 a 8 comensales	(180x75 cm)	150 cm
Sillas	(50 cm)	50 cm

En la literatura consultada no existe una metodología propia para determinar cuántas mesas por tipo y capacidad puedan ser ubicadas dentro del salón. No obstante, conociendo el área del restaurante, los rangos estándares que ocupan cada cliente en correspondencia con la categoría y tipo de servicio que se ofrecerá, las dimensiones de las mesas según su capacidad, podrá determinarse cuántas de ellas podrán ser ubicadas en el salón, teniendo en cuenta los siguientes aspectos:

- Las mesas para las parejas deben estar ubicadas preferentemente en los espacios que ocupan los ventanales.
- Las mesas con mayor capacidad deben estar ubicadas en el centro del salón.

- El otro grupo de mesas se ubica en el resto de los espacios respetando la estética (alineación de sillas y mesas).

La capacidad de servicio

Un punto para comenzar en la medición de la capacidad de servicio de un establecimiento es verificar las vías para medir la capacidad de producción de una planta de producción. La capacidad de producción a menudo se expresa como un determinado volumen de producción durante un período de tiempo determinado. Probablemente la cantidad de piezas fabricadas por turno es la mayor medida. Para acercar la atención, los administradores a veces cuentan también la cantidad de piezas por hora, por departamento, o incluso por maquinaria de producción. Para calcular en qué grado se utiliza la capacidad de la planta, los administradores de una fábrica miden cuántas piezas se ha producido en una planta completa al final de un periodo de tiempo dado, comparando estas cifras con una capacidad clasificada de óptima para la maquinaria que fabricó esas piezas. La comparación brinda una medida de eficiencia de producción de la fábrica.

Sin embargo el cálculo de porcentajes similares para las operaciones de servicios resulta complejo, debido fundamentalmente a que no existen normalmente unidades tangibles de producción. Para resolver ese problema, muchos negocios de servicios en su lugar calculan algún tipo de porcentaje de ocupación y además cuenta también el volumen total de las ventas (es decir la productividad o el ingreso).

Para los restaurantes, los períodos de tiempo comparables son más pequeños y notablemente más variados. Comúnmente, la medida es una parte del día (tal como el desayuno, el almuerzo o la comida) pero cada restaurante define esas partes del día de maneras distintas. Esa variabilidad en las medidas de tiempo ha dificultado la comparación y el cálculo de la eficiencia del restaurante.

Como resultado, los administradores de restaurantes utilizan solamente medidas de volumen abiertas, tales como las cuentas por cubiertos diarias y los porcentajes de productividad por asiento.

Medición de la duración del Servicio y Cálculo de la capacidad máxima de asiento

La duración del ciclo de servicio no es más que el tiempo que ocurre desde que el cliente arriba a la instalación y es ubicado en una mesa hasta que es despedido. La medición del mismo es importante para establecer acciones con un doble efecto sobre la demanda, ajustando éste acorde a sus necesidades. En un restaurante, esta medición puede apoyarse en el proceso que se sigue para el servicio al cliente. En este caso para que se puedan interpretar mejor los tiempos se sugiere se registren en minutos.

Acción	Tiempo
Arribo del cliente, saludo y ubicación en la mesa	
Saludo, entrega de la carta menú y toma de la orden de la bebida	
Servicio de la bebida y toma de la orden de la comida	
Servicio de la comida y cliente solicita cuenta	
Dependiente solicita cuenta en caja y entrega al cliente	
Cliente revisa la cuenta, efectúa el pago y dependiente ingresa en caja	
Dependiente realiza devolución de habérla y acompaña a cliente para despedirlo	
Desbarace de la mesa y monta para atender a un nuevo cliente	
Duración total	Σ

Cuestiones a tener en cuenta:

- El tiempo del ciclo de servicio incluye el tiempo ocioso para sentar al cliente y volver a preparar la mesa.
- Las horas de servicio incluyen solo aquellas cuando los clientes pueden estar sentados (esto no incluye aquellos tiempos de operación de la cocina o del salón de cenar).
- El marco de tiempo debe ser un período de comida por hora, pero se puede agregar también en partes del día, día total, semana, mes o año.
- Los tiempos del ciclo de servicio y las horas de operación se pueden calcular en fracciones de una hora, pero los minutos por lo regular son una medida más fácil de aplicar. De este modo el plan

de cuatro horas del restaurante equivale a 240 minutos.
- Al descomponer en factores el tiempo del ciclo de servicio con la cantidad total de asientos disponibles, se puede calcular la ocupación máxima de un restaurante para cualquier día o parte del día.
-

$$\text{Capacidad máxima de asientos} = \frac{\text{\# de asientos x horas del servicio}}{\text{Tiempo del ciclo de servicio}}$$

Cálculo de la capacidad óptima de mesas

Este cálculo se puede emplear en aquellos establecimientos que desean determinar en lugar de las cuentas por asiento la cantidad de mesas.

$$\text{Capacidad óptima de mesas} = \frac{\text{Cantidad de mesas} \times \text{horas del servicio}}{\text{Tiempo del ciclo de servicio}}$$

Pocos restaurantes pueden operar al cien (100) por ciento de su capacidad por largos períodos, y ninguno trabaja a plena capacidad en todos los momentos. En particular, los restaurantes no pueden lograr ese nivel de eficiencia debido a los hábitos temporales de los clientes y su elección de comer cuando les apetece salir a cenar. La habilidad de los administradores de restaurantes es emplear esta capacidad de la forma más eficiente, sin tener en cuenta cuán cargado se halle el restaurante. El éxito del restaurante proviene en gran medida del control eficaz de la capacidad de una operación.

Identificar el uso de la capacidad

A pesar de que resulta relativamente sencillo calcular la capacidad potencial de un restaurante, se debe ver más allá del simple cálculo para establecer objetivos realistas para el uso de las instalaciones de la operación.

Los objetivos de este tipo se deben establecer para cada unidad individual, pero al fijar estos se pueden hacer alusión a determinados puntos de referencia o a normas establecidas por la industria para tipos de restaurante.

Un cálculo simple es la cuenta por cubierto real por día o parte del día dividida por la capacidad óptima de sentado (o de mesas) para igual período de cena.

$$\text{Porcentaje de capacidad del restaurante} = \frac{\text{Cuenta por cubierto real}}{\text{Capacidad máxima de asiento}}$$

Acciones que contribuyen a incrementar el rendimiento

El conocer el porcentaje de la capacidad puede ofrecer a los administradores información para el análisis de la eficiencia, los resultados operativos y la rentabilidad. Este de tipo de información le permitirá al administrador aplicar las siguientes tácticas a fin de incrementar el rendimiento de la instalación:

- **Reducir la carga pico:** estimular a los clientes a que cenen fuera del pico ofreciendo incentivos como premios al cliente (un descuento, un plato por la casa, etc.) que arriba a una hora equis, por supuesto que esa hora se fijará antes o después de la hora pico del restaurante.
- **Aumentar las tasas de producción:** consiste en reducir el ciclo de servicio, lo cual además de permitir atender a mas clientes, aumentará la idea del valor de la experiencia en el restaurante, a partir de la disminución en la percepción del cliente del tiempo de espera.
- **Reducir la eventualidad:** diseñando un sistema de reservaciones, el cual le permitirá controlar la llegada de los

clientes y comenzar a reducir el ciclo de servicio.

- **Ganar refinamiento:** a partir de la aplicación de todas aquellas herramientas que permitan el control de las operaciones como el cálculo de la capacidad, teorías de colas, modelando los servicios, definiendo procesos y mejorándolos, la simulación, la programación lineal y el pronóstico.

Factores clave a tener en cuenta para la elección del local:

Objetivo primario y secundario

En este punto hay que remarcar la necesidad de que los emprendedores tengan muy claro que esperan de su inversión, esta claro que un objetivo primario insoslayable para la mayoría es el de recuperar la inversión y obtener utilidades, pero que más esperan, innovación, liderazgo en su área, generación de sucursales, crecimiento, etc. Pautas estas necesarias a la hora de optar por un local u otro.

Tipo de cliente

Aquí hay que tener en cuenta la propuesta y como pensamos que se va a generar. ¿Quién va a ser nuestro cliente? ¿A quién vamos a dirigir nuestros esfuerzos? ¿A quién queremos venderle? ¿Qué esperan ellos de nosotros? ¿Cuál es su expectativa? Según respondamos a estos interrogantes tendremos más claro cómo debe ser y dónde debe ubicarse nuestro local.

Oferta Gastronómica

Parece mentira pero he conocido empresarios que eligieron primero el local sin tener en cuenta que oferta realizarían. Qué vamos a vender, carnes, pastas, pescados, cocina de autor, sistema de libre servicio, u otra alternativa. En función de ello debemos elegir el local o construirlo, en función de nuestras necesidades presentes y futuras. La adecuación del local de acuerdo a la oferta es uno de los pilares fundamentales para no generar barreras físicas que impedirán prestar un servicio eficaz.

Ubicación

De acuerdo a la respuesta de los interrogantes planteados podremos entonces prever cual será la mejor ubicación del establecimiento, pensar siempre en una zona de amplio mercado. El conocido axioma de "Ubicación, ubicación y ubicación" toma en este punto un grado de importancia que si bien es relativa, mantiene su vigencia. Debo pensar en una ubicación céntrica, un barrio, en las afueras, las alternativas se multiplican a medida que ponemos en evaluación las diferentes posibilidades.

Quién es mi competencia

En primer término debemos aislar el concepto y pensar en quien es realmente mi competencia, en el actual concepto de la comercialización hablamos de dirigirnos especialmente a un target seleccionado, a un segmento del publico que nos interesa. De la misma forma cuando pensamos en nuestra competencia debemos establecer claramente de quien hablamos.

Consideremos entonces solo aquellos que se dirigen a un público similar al mío, con una oferta gastronómica similar y una infraestructura equivalente. Entones si diremos que estamos en frente de una competencia directa.

Recorramos la zona, identifiquemos aquellos que se encuentran en este concepto, veamos que otro tipo de oferta existe y cataloguemos los mismos por tipo de oferta, público que concurre, atractivos e instalaciones, generemos nuestro pequeño estudio de mercado. Podemos además recurrir a algún organismo oficial de estadísticas o al municipio para enterarnos del número de establecimientos que existen y la categoría de los mismos.

Población flotante o residente

Otro aspecto a considerar es el concepto de donde reside nuestro cliente. Probablemente al estudiar la zona descubramos la densidad poblacional del lugar elegido, según las apreciaciones del tipo de público a quien queremos dirigirnos. Aspectos como la peatonalidad (Cantidad de personas que pasan por la puerta). Así si queremos un negocio dirigido al consumo masivo buscaremos una zona con alto tránsito y de alta densidad de población en busca de la compra compulsiva. O en otro elegiremos un lugar donde la gente concurra a trabajar o por esparcimiento.

Evaluaremos también ubicaciones como esquinas que probadamente aumentan la cantidad de ventas, elementos como lugar para dejar el automóvil, fácil acceso y seguridad complementaran esta visión sobre la ubicación.

Construcción o adecuación

Otro aspecto importante pasa por la decisión de lo que queremos lograr, y el nivel de inversión necesario. Indudablemente si pudiéramos elegir el local ideal tendríamos que construirlo, pero no todas las apuestas de inversión soportan ese nivel y merecerían en cada caso una evaluación a través de un proyecto de inversión. De una u otra forma necesitaremos a partir de la planificación y objetivos trabajar estrechamente con el arquitecto para lograr el fin deseado. Aquí planteo una crítica hacia algunos de estos profesionales, ya que he visto obras de terminación visual excelentes, pero que operativamente generaban verdaderas barreras físicas en la atención.

El arquitecto debe captar, entonces:

- Funcionamiento.
- Mercado.
- Entorno barrial.
- Contacto con el chef.
- Necesidades operativas.
- Comprender la operación.

<u>Distribución de espacios</u>

Existen ciertas reglas simples con respecto a la magnitud de los espacios destinados al establecimiento, que ayudan a entender que debemos buscar. Regularmente enseño a mis alumnos que para calcular el espacio del salón hay que tener en cuenta una superficie de 1,2 a 1,5 metros cuadrados por comensal según la categoría y espacio destinado a la atención.
Del mismo modo la superficie de la zona de servicios (Depósitos, sanitarios,

vestuarios y cocina) no debería ser inferior al 50% de la superficie destinada al salón. Reglas prácticas pero que deberán refrendarse según el proyecto. Deberá analizarse los movimientos y necesidades del público, los camareros, y otros actores que necesariamente intervienen. Manejo de espacios entre las mesas, espacios de recepción, la barra, entrada a los sanitarios y la cocina, etc.

Iluminación

Indudablemente la iluminación provee hoy una herramienta excelente para la ambientación de los locales, pero su inadecuado manejo puede generar otros problemas. En este sentido siempre recomiendo recurrir a los especialistas, ya sea ingenieros en iluminación, iluminadores teatrales o escenografistas. Ellos asesorarán correctamente sobre los diferentes estilos de iluminación o aun efectos especiales que generarán ambientaciones diferentes de acuerdo a los momentos del día. Tonos de luz elegidos, diferencia entre el mediodía y la noche, diferentes climas para diferentes clientes, el análisis de las temperaturas cromáticas, intensidad y potencia, aspectos que pueden incidir incluso en el consumo. El criterio de uso para los artefactos de iluminación direccionalizada que pueden acentuar los defectos. Por otro lado analizar también el consumo en función de la iluminación natural que puede obtenerse y el tipo de lámparas usadas. Otro criterio que debe tenerse en cuenta es el de los tipos de iluminación necesarios para un local, ya sea general (de nivel bajo y uniforme), decorativa (efectos, un cuadro), localizada (mesas, barra, entrada, etc.) y eventualmente para espectáculos.

Ventilación

Indudablemente en la actividad de elaboración de alimentos se producen humos, olores y vapores que necesitan ser evacuados a efectos de cumplimentar, por un lado, con las regulaciones y, por otro, para el confort de los comensales. Deberá también en este caso, solicitarse a un profesional el asesoramiento para que en función del balance térmico se determine el tipo de extracción, la campana, los filtros y la potencia de los motores. En este punto merece un capítulo aparte la confección de la campana de extracción y sus filtros.

Por otro lado también deberá analizarse la renovación de aire en el salón de atención al público.

Instalaciones eléctrica, sanitarias, gas y cloacas

Deberá tenerse en cuenta las instalaciones necesarias para "hoy" y también para nuestra evolución. Por lo tanto, al realizar las instalaciones pensemos en los posibles usos futuros, aumentando la sección del cableado, pensando en un diámetro de cloacas que permita aumentar el volumen de trabajo, en la sección del ingreso del gas, etc. Por otro lado, algunas recomendaciones específicas son:

- Instalar tomas corrientes en número suficiente (Siempre habrá un uso).
- Dividir la instalación eléctrica en varias secciones para evitar que desperfectos puedan dejarnos sin electricidad en todo el establecimiento...

- Realizar un cálculo previo del consumo.
- Prever la instalación de agua y gas por secciones.

<u>Creación del ambiente interior</u>

- Si se piensa en los elementos olvidando el conjunto, resultará disonante.
- La idea rectora debe estar gestada en base al estudio de mercado.
- No confundir disonancia con espectacularidad, puede ser intencional.
- El objetivo debe ser siempre resguardar la inversión.
- A raíz de las restricciones económicas y la moda, todo vale.
- Debe existir un hilo conductor, por ejemplo, estilo clásico.
- Gama de colores.
- Materiales de revestimiento.

- Motivos repetidos.

Color en función del espacio y de la luz

- Colores claros: amplitud.
- Colores oscuros: acercan las superficies.
- Colores densos: absorben la temperatura.
- Reflejan menos luz.
- Discreción una sola gama.
- Máximo tres colores.
- Calidez: contienen amarillo.
- Frialdad: contienen azul.
- Neutros: blanco y gris

Efectos psicológicos del color

- Púrpura, verde oscuro, dorado, suntuosidad.
- Amarillo, verde claro, naranja, estimulan el apetito.

- Colores fuertes y brillantes, estimulan.
- Negro, marrón oscuro, azul marino, incitan a beber.

Aire acondicionado

Nuevamente recomiendo referirse a un especialista en el tema. Deberá tenerse en cuenta el balance térmico del lugar en función de la cantidad de público, iluminación, determinación de elementos que generen calor, etc.

Insonorización

Este particularmente es un tema al que debe darse una importancia especial, pues es uno de los elementos primordiales cuando se trata de generar confort a nuestros clientes. Nuestros establecimientos generan mucho "ruido", que molesta en función del volumen de la operación. Los clientes conversando, los sonidos de la vajilla y cubiertos, las órdenes y otros generadores de ruido, nos rodean y pueden llegar a molestar de manera a veces no percibida, pero que termina resonando en nuestros oídos cuando nos retiramos. Existen en el mercado elementos especiales para reducir los mismos haciendo más confortable la estadía.

Distribuir elementos que absorban el sonido, manteles, cortinas, alfombras y otros elementos.

La cocina, centro de arte y producción

Todos sabemos que el espacio destinado a la cocina del restaurante y sus dependencias estará en correspondencia a la cantidad de comensales que éste sea capaz de asumir en un momento de máxima carga y en el tipo de servicio que se pretende ofertar, además de que el flujo de las operaciones que en ella se realizarán cumplan con el principio de higiénico - sanitario conocido como "marcha hacia adelante".

Tal y cual en el libro "El arte de proyectar en arquitectura" de Ernst Neufert se dedica todo un capitulo a los diferentes tipos de restaurantes, hay todo un capítulo dedicado a la arquitectura de cocinas abordado por el profesor Dr. Ing. Fuhrmann Y esto no es algo fuera de lo común, es que está demás decir que el corazón de las operaciones radica en la Cocina. Este profesor expone de manera muy detallada las superficies necesarias para los diferentes ámbitos de una cocina, el cual más adelante expondré.

Quiero partir de que existen diferentes tipos de establecimientos dedicados a los servicios de alimentación: están los restaurantes, los hospitales, los servicios aeroportuarios, los servicios de ferrocarriles, las cafeterías, los comedores obreros y estudiantiles, entre otros; y en cada uno de ellos pueden encontrarse diferencias sustanciales en cuanto al diseño y distribución de las cocinas, pero todos tienen en común que sus funciones son las mismas: elaborar alimentos a partir de procedimientos culinarios escritos. Y son estas diferencias las que nos obligan a estudiar el cómo hacer un uso óptimo de su espacio.

Organización y distribución: indicadores de optimización y eficiencia

Llegar y ubicar los medios disponibles (maquinarias, mobiliario, utensilios de trabajo) en la cocina no es algo que deba hacerse a la ligera. Este aspecto debe estudiarse con profundidad, pues de ello depende que el conjunto de operaciones que en ella se realizan se hagan con la racionalidad y eficiencia necesaria.

En este sentido, tanto arquitecto como operador, deben proyectarse hacia el uso óptimo de espacios y recursos humanos a partir de la distribución adecuada de las distintas zonas que participan en todo el proceso, pero tomando en consideración, también, cuestiones tan importantes como:

- ¿Qué productos se almacenarán y cuáles se comprarán diariamente (cocina de mercado)?
- ¿Qué medios emplearé para el procesamiento de las materias primas?
- ¿Cómo estará compuesta la brigada de Cocina?
- ¿Cuál es la reglamentación (marco legal) vigente para este tipo de actividad?
- ¿Podré sustituir en un período de tiempo dado el equipamiento sin afectar la lógica del diseño?
- ¿En un proceso de renovación, los espacios inamovibles podrán seguir explotándose?
- ¿Dispondré de accesos independientes para esta área, así como ofreceré la seguridad y control de la misma?

- ¿Cuál es el nivel de confort que puedo aportar a las condiciones de trabajo de mis empleados?

    - Comodidad.
    - Ventilación.
    - Iluminación (Natural y artificial).
    - Sonorización.

- ¿Cómo podrá responder el área ante factores adversos (terremotos, huracanes, fuegos, etc.)?
- ¿Qué tipo de servicio ofreceré?

Para estas preguntas deben existir respuestas. Son esas respuestas las que facilitarán la toma de decisiones en cuanto a dónde ubicar cada área, cómo ubicar el mobiliario y en qué forma. Pero para que esto sea posible, y en correspondencia con el tipo de restaurante, deben tomarse en consideración las diferentes etapas de la producción que en ella se generan. Las más conocidas son:

- Pre – Preparaciones.
- Preparaciones frías.
- Preparaciones calientes.
- Acabo - Decorado.

Con relación a este aspecto, el ya citado profesor Fuhrmann resume las superficies necesarias para los diferentes ámbitos de una cocina (expresado en metros cuadrados por plaza) tal y como se muestra en la tabla siguiente:

Tamaño del establecimiento/ Plazas	Pequeño (Hasta 100)	Mediano (Hasta 250)	Grande (+250)
Recepción de género	0,06 - 0,08	0,06 - 0,07	0,04 - 0,06
Almacén de embalajes vacíos	0,06 - 0,07	0,05 - 0,07	0,04 - 0,06
Basuras / Desperdicios	0,04 - 0,06	0,04 - 0,06	0,03 - 0,05
Oficina del Jefe de Almacén	-	-	0,02 - 0,03
Suministros / Aprovisionamiento	**0,15 - 0,21**	**0,15 - 0,20**	**0,13 - 0,20**
Cámara pre - frigorífica	Armarios	0,03 - 0,04	0,02 - 0,04
Cámara frigorífica para la carne	Células	0,05 - 0,06	0,03 - 0,05
Cámara frigorífica para prod. Lácteos	Sup. Aux	0,03 - 0,04	0,02 - 0,03
Cámara frigorífica para verdura y frutas			0,03 - 0,05
Congelador	Armarios - Células	0,04 - 0,05	0,03 - 0,04
Otras cámaras frigoríficas (Pastelería / cocina fría)	Sup Aux	0,03 - 0,04	0,02 - 0,03
Almacenamiento de género refrigerado	**0,04 - 0,08**	**0,18 - 0,23**	**0,15 - 0,24**
Almacén de productos secos/ Alimentos	0,13 - 0,15	0,12 - 0,14	0,10 - 0,12
Almacén de verduras	0,08 - 0,10	0,06 - 0,08	0,04 - 0,06
Consumo diario	0,04 - 0,06	0,03 - 0,04	0,02 - 0,03
Almacenamiento de género sin refrigerar	**0,25 - 0,31**	**0,21 - 0,26**	**0,16 - 0,21**
Preparación de verdura	0,08 - 0,10	0,05 - 0,08	0,04 - 0,06
Preparación de carne	0,06 - 0,09	0,04 - 0,07	0,03 - 0,05
Cocina caliente	0,26 - 0,33	0,19 - 0,24	0,15 - 0,21
Cocina fría	0,13 - 015	0,09 - 0,12	0,07 - 0,11
Pastelería		0,07 - 0,10	0,06 - 0,09
Lavado de Fuentes	0,05 - 0,08	0,04 - 0,06	0,03 - 0,05
Oficina del Jefe de Cocina	0,03 - 0,05	0,02 - 0,03	0,02 - 0,03
Equipo de cocción	**0,60 - 0,80**	**0,50 - 0,70**	**0,40 - 0,60**
Lavado de cubiertos	**0,10 - 0,12**	**0,09 - 0,11**	**0,08 - 0,10**
Entrega/Mostrador Camareros	**0,06 - 0,08**	**0,08 - 0,10**	**0,10 - 0,15**
Lavabos y vestuarios para el personal	**0,40 - 0,50**	**0,30 - 0,40**	**0,28 - 0,30**
Total	1,60 - 2,10	1,50 - 2,00	1,30 - 1,80

De igual manera se detiene a exponer detalladamente las características de las distintas áreas partiendo de sus funciones y el equipamiento básico necesario para que pueda llevarse a cabo el acto de producción en la cocina.

Resulta bastante atractivo, como para compartirlo con los lectores, la forma en que el ya citado profesor Fuhrmann resume las superficies necesarias para las cocinas y dependencias auxiliares en restaurantes y hoteles. Este profesor asume la existencia de 9 dependencias y la asunción desde 50 hasta 1200 clientes en un día, determinando el espacio necesario por persona (en m2) como

resultado de la diferencia entre a y k

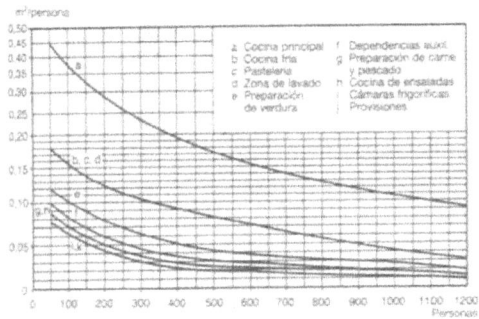

Dentro de las áreas que componen el espacio de la cocina, la que mayor espacio ocupa, tanto en equipamiento como de personal, es el de las preparaciones calientes. Generalmente, en correspondencia con las características del servicio y del equipamiento y mobiliario disponible es que se realiza la distribución de esta área con el fin de garantizar rapidez en las operaciones, incurrir en menores costos, evitar accidentes y desplazamientos innecesarios por parte del personal.

Un aspecto que debe ser considerado en este proceso de ordenación del área de cocina es que debe haber una separación entre aquellos equipos que generan calor y los que no. Técnicamente están descritas muchas formas para garantizar esto. En función de lo anterior y para poder determinar cómo será distribuido el equipamiento los principales cuestionamientos que se deben hacer estarán enfocados a lo siguiente:

- ¿De qué espacio dispongo?
- ¿Permitirá en un momento de máxima carga la circulación del personal de servicio y el que elabora los alimentos a un mismo tiempo?
- ¿El equipamiento que requiere de abastecimientos de agua y electricidad podrán ser movidos hacia otras áreas dentro de la propia cocina y ser explotados inmediatamente?
- ¿Se procesarán todos los alimentos en esta área o se recepcionarán ya pre – elaborados?
- ¿La ubicación del mobiliario permitirá que se siga un flujo donde la salida de los alimentos

Cocina - Salón – Cocina no tenga que atravesar alguna otra área?
- ¿Existirán barreras para el proceso de higienización de los equipos y el área en su conjunto?
- ¿Cuál es el promedio de edad del personal contratado?

En cuanto a esta última pregunta, la incluyo, precisamente, porque una realidad presente en muchas instalaciones gastronómicas, es que el personal de cocina por su estabilidad tiende a envejecer y ese proceso de envejecimiento comienza a establecer límites en cuanto a movimiento y desenvolvimiento físico. Al estar presente estas limitaciones, las medidas de protección, seguridad y salud de los trabajadores deben ser incrementadas y se deberán desarrollar acciones en funciones de que éstos trabajadores no hagan esfuerzos innecesarios, los desplazamientos sean cortos, entre otros.

Así mismo siguiendo lo planteado en "El arte de proyectar en arquitectura" al momento de planificar y distribuir el espacio de la cocina se deben considerar los siguientes aspectos:

1. La anchura mínima de los pasillos de trabajo debe oscilar entre 0.90 y 1.20 metros
2. Los pasillos auxiliares de circulación con superposición (parcial) de

otras actividades deben estar entre 1.50 y 1.80 metros
3. Los pasillos de circulación principal (transporte y cruce de personas en sentido opuesto abarcarán entre 2.10 y 3.30 metros.

En cuanto a las cocinas de dimensiones pequeñas o medianas basta con que los pasillos tengan una anchura comprendida entre 1.00 y 1.50 metros.

Las distintas formas de distribución del equipamiento y el mobiliario tanto para cocinas industriales como para las propias del hogar, en función del espacio son las siguientes:

En forma de "Línea": cuando el espacio es largo y

estrecho (generalmente con una superficie menor o igual a 2 metros). En este tipo de distribución generalmente sólo interactúan de 1 a 2 cocineros.

En forma de "U": para espacios de gran amplitud. La distribución seguirá un flujo lógico que va desde la recepción de la materia prima hasta el despacho hacia la zona de Salón – Comedor y la recepción de las lozas sucias hacia el fregadero sin que se produzcan entrecruzamientos y amenazas de contaminaciones. En este tipo de distribución pueden interactuar más de 2 cocineros a la vez.

En forma de "L": para cocinas entre medianas y grandes. Yo en lo particular lo sugiero para centros de elaboración como Catering o restaurantes en trenes (por las características de sus vagones) donde se van elaborando las diferentes preparaciones (en proceso) que luego serán empaquetas y trasladadas hacia otras áreas.

En forma de "Isla": generalmente esta forma de distribución solo es posible en cocinas de grandes dimensiones, donde se instala una isla central a la cual tributan el resto de las islas, y en la que si fija un espacio de aproximadamente 90 centímetros de pasillo para la circulación y movimiento de cocineros. Esta forma de distribución demanda que las instalaciones de agua, gas y electricidad estén por debajo del suelo (soterradas)

En forma de "i": aunque sigue el mismo procedimiento que las formas anteriores donde se sigue un flujo desde la recepción hasta el acabo y presentación de los platos que van a ser trasladados hacia el Salón – Comedor, la ubicación del mobiliario y el equipamiento seria mucho mas sencillo que los anteriores, donde también se aprovecharían espacios a ambos lados para el desplazamiento del personal que elabora los alimentos, permitiendo la presencia de dos cocineros en una misma zona.

En forma de "Península": la ubicación de los distintos elementos se hace de forma perpendicular sobre una de las paredes garantizando que todo el movimiento y desplazamientos se haga hacia el centro.

En "Paralelo": consiste en colocar dos frentes en paralelo. Es ideal para cocinas con dos puertas opuestas, donde puede dejarse la zona central como pasillo para la circulación del personal. En esta forma de distribución se debe velar porque los muebles con puertas puedan abrirse sin dificultad.

Resumiendo

Aunque de alguna manera he tratado el tema, y en las distintas formas presentadas para la distribución del espacio se recogen también, considero oportuno resumir los principios fundamentales que deben ser tomados en cuenta al momento planificar el espacio en la cocina. Estos principios están descritos en las distintas normativas y requisitos que se exigen para el área de alimentos y bebidas de un restaurante y que son:

a. Que la forma en que se distribuya el local garantice que no se produzca un tráfico cruzado de personal.
b. Que la distancia entre las zonas de entrega de las distintas elaboraciones hacia el salón comedor y el retorno hacia las zonas de lavado sea mínima para evitar agotamientos y las temperaturas de los alimentos a servir no se vea afectada.

c. Se deben agrupar las distintas zonas de trabajo según sus funciones
d. Que no se produzcan entrecruzamientos entre alimentos crudos y alimentos preparados
e. Que no se produzca un entrecruzamiento entre los alimentos y los desperdicios
f. Que cada zona de trabajo disponga de sus propias zonas de almacenamiento
g. Separar los equipos que generan calor de los que producen frío
h. Que se pueda aprovechar al máximo la luz natural
i. Que se disponga de buena visibilidad entre las distintas dependencias

El sector de la restauración tanto hotelera como extrahotelera se considera en el ámbito económico como relevante dado que contribuye a la generación de empleo y por los efectos indirectos que tiene en su entorno. La evolución de este sector a lo largo de los años ha sido progresiva y cada vez más se buscan elementos que marquen la diferencia para brindar productos de excelencia y servicios de calidad, dado que la calidad del servicio se perfila como un elemento diferencial que puede servir para responder a la evolución de la demanda y la necesidad de revisión de cada uno de los modelos aplicados en la empresa. Dado esto se busca adecuar el servicio a las necesidades y expectativas de los clientes llevando a cabo esta filosofía como principio esencial de la calidad para así hacer frente a las nuevas exigencias del mercado.

Según Quintero, 2001 el concepto de calidad ha evolucionado intentando adaptarse a los continuos cambios en el medio empresarial, ha pasado de ser una herramienta de control a una estrategia de la empresa. Con la reingeniería, la calidad se convierte en una estrategia de negocios y en la base para la reestructuración de la empresa. La restauración como empresas de servicios deben considerar esta como una estrategia competitiva considerándose un valor adicional en caso de productos tangibles e intangibles y que por lo general son consumidos al mismo tiempo que se producen y proveen mayor valor como conveniencias, tiempo, confort y salud. Por lo tanto, la calidad de un servicio es subjetiva, está directamente relacionada a lo que el cliente percibe, es decir, el juicio que realiza sobre la excelencia o superioridad del servicio prestado. El éxito del resultado dependerá de la capacidad de la empresa prestadora del servicio por conocer y comprender las necesidades del cliente, así como del esfuerzo y la eficacia con la que se lleve a cabo el proceso y del costo en que incurre el cliente para acceder al servicio. Cabe destacar que el costo no sólo implica el precio del servicio, sino la utilidad de lugar, tiempo y forma que proporcione.

Sin embargo, para que un servicio pueda ser considerado de

calidad, esta percepción positiva debe ser consistente, es decir, debe ocurrir repetidamente, no sólo con uno, sino con varios consumidores en distintas ocasiones. Esta tarea no es fácil; por lo que la aplicación de un modelo de gestión de servicios resulta efectiva para orientar a la empresa a adoptar una cultura de calidad.

Modelos de calidad

La modelización llevada a cabo durante la evolución de la industria de los servicios por parte de diferentes organismos ha permitido utilizar esta como estructuras para la aplicación por parte de las organizaciones ya sea en el ámbito nacional, regional e internacional. Existen modelos propios para cada empresa, así como otros de aplicación internacional que se han utilizado como herramienta en la mejora de los servicios para alcanzar los objetivos propuestos por las entidades en su estrategia general. Para ello se presentan a continuación algunos de los principales modelos utilizados por las empresas en tal sentido.

Modelo de Gestión de la Calidad ISO 9001:2000

Este modelo se basa en la utilización de las normas ISO y en su posterior certificación, las normas como tal especifican cuales son las características técnicas y de diseño que debe reunir el producto, ya que esta refleja para el sistema cuales son los criterios que debe cumplir el mismo para que este pueda alcanzar el objetivo de la normalización. Relacionado con la norma aparece el concepto de certificación, cuya acción es llevada a cabo por una entidad independiente para emitir un documento que verifica un bien o servicio acorde a una norma determinada, esta permite obtener a la empresa una marca que acredita su calidad y a la vez asegura el cumplimiento de la norma.

La filosofía PDCA aportada por Deming aplica la propuesta de mejora continua que hace la versión de las normas ISO 9000 en su versión del año 2000, ya que la norma indica que una vez implantado el sistema de calidad, el camino que aún queda por recorrer es largo y propone la filosofía de mejora continua como forma de asegurar el futuro de la organización y la adecuación de las necesidades de los clientes. La norma ISO 9000:2000 propone un modelo de gestión de la calidad al que llama Sistema de Gestión de la Calidad en el que destaca la figura del cliente tanto al inicio como al final de la actividad, al inicio el cliente hace referencia a cuáles son sus requisitos y al final muestra una satisfacción por el producto o servicio.

Varios autores identifican básicamente dos tipos de motivaciones que se convierten en los beneficios de la certificación, motivaciones internas y externas. Las internas están relacionadas con la mejora en los procesos, eficiencia, productividad, reducción de cotos, mejora de la gestión y las externas con los aspectos relacionados con la imagen de la organización, la satisfacción del cliente, etc. Otros autores no concuerdan con la certificación y afirman que sus beneficios no son consecuencias de su implantación o que el propio sistema no aporta una mejora clara.

El modelo Service Profit Chain

The Service Profit Chain (SPC) es uno de los modelos de gestión utilizados cuyo nacimiento tuvo lugar en la década de los 80´ por J.L. Heskett, W.E. Sasser y L.A. Schlesinger, miembros de la Harvard Business School, e investigadores de la gestión de servicios. El objetivo principal de este es ayudar a los gerentes a orientar sus esfuerzos, tanto económicos como humanos, hacia el desarrollo de importantes niveles de satisfacción y servicio para lograr un máximo impacto competitivo e importantes créditos para la empresa. El SPC analiza la manera en que la satisfacción del cliente y la actitud del personal impactan la rentabilidad de una empresa mediante la creación de valor. La interacción entre estos elemento se compone de los siguientes elementos:

- La rentabilidad y el crecimiento son generados por la fidelidad del cliente.
- La fidelidad es resultado de la satisfacción del cliente.

- La satisfacción del cliente está influenciada por el valor del servicio.
- El valor del servicio se genera mediante la fidelidad y la productividad de los empleados.
- La satisfacción de los empleados es generada por la calidad interna del servicio.

Estas proposiciones se entrelazan para formar una cadena que genera valor en los servicios. Los esfuerzos para mantener unidos estos eslabones deben estar coordinados por líderes que comprendan la necesidad de mantener satisfechos tanto a los clientes como a los empleados de la empresa.

El modelo SERVQUAL

La cuantificación sistemática de la calidad que el cliente percibe de un servicio no es tarea fácil. Se requiere de herramientas que ayuden a las empresas a comprender mejor el significado de valor para el cliente, así como el grado en que sus esfuerzos están cumpliendo con las necesidades y expectativas de los mismos. Para ello ha tomado gran importancia especialmente en Estados Unidos el modelo desarrollado por Parasuraman, Zeitham y Berry (1998): SERVQUAL. Los autores proponen un instrumento representado por un cuestionario, para medir la calidad de un servicio con la escala SERVQUAL basada principalmente en la diferencia entre las percepciones y expectativas de los clientes con respecto a las dimensiones más importantes de un servicio particular. Los resultados cuantitativos que presenta el modelo pueden entonces servir como pauta para determinar los costos de la "mala calidad" en los servicios, y el valor de las inversiones que se pueden hacer (económicas y humanas) para mejorar la calidad.

Con SERVQUAL, los autores desarrollaron un modelo que identifica las cinco dimensiones básicas que caracterizan a un servicio, las cuales son representadas en un cuestionario de 22 preguntas. Los datos obtenidos de dicha fuente permiten identificar y cuantificar las 5 brechas más importantes que determinan el grado de satisfacción en los clientes, y por lo tanto, la calidad de un servicio, las cuales se mencionan a continuación:

- ***Brecha 1:*** evalúa las diferencias entre las expectativas del cliente y la percepción que el personal (generalmente el gerente) tiene de éstas. Es importante analizar esta brecha, ya que generalmente los gerentes consideran el grado de satisfacción o insatisfacción de sus clientes en base a las quejas que reciben. Sin embargo, ese es un pésimo indicador, ya que se ha estudiado que la relación entre los clientes que se quejan y los clientes

insatisfechos es mínima. Por eso se recomienda a las empresas tener una buena comunicación con el personal que está en contacto directo el cliente, ya que es éste el que mejor puede identificar sus actitudes y comportamiento.
- *Brecha 2:* ocurre entre la percepción que el gerente tiene de las expectativas del cliente, las normas y los procedimientos de la empresa. Se estudia esta brecha debido a que en muchos casos las normas no son claras para el personal, lo cual crea cierta incongruencia con los objetivos del servicio.

- ***Brecha 3**:* se presenta entre lo especificado en las normas del servicio y el servicio prestado. La principal causa de esta brecha es la falta de orientación de las normas hacia las necesidades del cliente, lo cual se ve reflejado directamente en un servicio pobre y de mala calidad.
- ***Brecha 4**:* se produce cuando al cliente se le promete una cosa y se le entrega otra. Esto ocurre principalmente como resultado de una mala promoción y publicidad, en la que el mensaje que se transmite al consumidor no es el correcto.

- ***Brecha 5:*** esta brecha representa la diferencia entre las expectativas que se generan los clientes antes de recibir el servicio, y la percepción que obtienen del mismo una vez recibido.

Todas estas brechas ayudan a identificar y medir las ineficiencias en la gestión de los servicios. Cada empresa debe orientar sus estudios hacia donde los principales "síntomas" lo indiquen. Sin embargo, una brecha que se debe analizar y tomar en consideración en todos los casos es la brecha 5, ya que permite determinar los niveles de satisfacción de los clientes.

Por otra parte este modelo SERVQUAL puede ser usado para medir la calidad del servicio en una amplia variedad de empresas, ya que permite la flexibilidad suficiente para adaptarse a cada caso en particular. La clave de esto está en ajustar el cuestionario a las características específicas de cada servicio en cuestión, de modo que los resultados puedan identificarse directamente con la realidad de la empresa.

Modelos de excelencia y Gestión de la Calidad Total

Cuando alguna organización desea ir más allá de la certificación ISO 9000 y alcanzar la gestión de la calidad total muchos autores recomiendan adaptar algunos de los modelos de calidad que le permita alcanzar tal objetivo. La mayoría de las investigaciones han encontrado una relación directa entre la implantación de los modelos de excelencia y los resultados de las empresas. En los Estados Unidos la gestión de la calidad total basa su mayor reconocimiento en los criterios establecidos por la Malcolm Baldrige National Quality Award. Este modelo establece que los líderes de la organización orienten su gestión en base a la dirección estratégica y los clientes, y se basa en once valores fundamentales de la calidad: calidad dirigida al cliente, liderazgo, mejora continua y aprendizaje, valor del personal, respuesta rápida, planificación de la calidad y prevención, amplia visión de futuro, gestión basada en hechos, desarrollo de las alianzas, responsabilidad pública y social y orientación a los resultados. Este modelo conduce al premio *Malcolm Baldrige National Quality Award* buscando en su estructura mantener las ventajas competitivas de la organización.

De igual forma el Modelo Europeo de la Gestión que se desarrolló en 1990 a partir del antes expuesto y el Deming Prize, considera la calidad como un aspecto primordial a la hora de conseguir una mayor eficiencia en los productos y los servicios para impulsar el desarrollo de la sociedad y consecuentemente determinar una serie de directrices útiles para la organización, el cual se con el objetivo de reconocer a las organizaciones europeas comprometidas con la excelencia.

En un principio de concibo como un modelo básico que se centraba en las premisa de que los mejores resultados se obtenían implicando a las personas en la mejora de la organización, posteriormente sufrió cambios que introdujeron la innovación y el aprendizaje como elemento de ventaja competitiva, el mayor peso de los clientes y grupos de interés para la organización y una mayor importancia del conocimiento dentro de la misma. Este ha seguido evolucionando para conformar una herramienta de autoevaluación, lo cual permite detectar cuáles son los puntos fuertes y débiles sobre los cuales establecer los criterios de mejora.

Comparación entre modelos. Consideraciones generales

La comparación entre diferentes modelos de gestión ha sido objeto de trabajo de varios autores, de forma general se abarca lo referente a los modelos de excelencia y la ISO 9000 según la literatura consultada.

Las normas ISO 9000:2000 se centran en los aspectos mínimos que debe tener un sistema de gestión de la calidad, sin determinar cómo deben alcanzarse los objetivos de calidad, pero las empresas que la implanten podrán alcanzar una mejora de su funcionamiento y eficiencia. Camisón y col (2007) refiere que conseguir la certificación ISO 9000 puede constituir entre el 30% y 35% de los criterios establecidos por el modelo Europeo de Gestión aunque este último solo se circunscribe a Europa mientras que las normas ISO 9000 tienen un alcance mundial.

En la literatura se expone que ambos modelos tienen una filosofía de mejora continua y se resalta una serie de convergencia entre ambos, las cuales se basan en los siguientes elementos:

- La aplicación de la mejora continua se basa en ambos modelos fundamentalmente en la medición y análisis de los resultados.
- Ambos modelos parten de la planificación que ha desarrollado la organización.
- Para el desarrollo de los planes de mejora, las personas que conforman la

organización resultan de gran importancia.
- La gestión por procesos es un elemento común tratado por ambos modelos.

Por otra parte entre los modelos de Malcolm Baldrige y de Excelencia Europeo se comenta que los conceptos fundamentales son diferentes en cantidad pues este primero está basado en once mientras que el europeo se basa en ocho sin embargo la esencia de estos es muy parecida en ambos. De igual forma el sistema de retroalimentación que utilizan es semejante, ya que cuentan con las mismas características y se comprometen con los mismos elementos. De esta forma se destaca la importancia de la gestión estratégica en la mejora y el uso de los instrumentos de medida.

La medida de la calidad puede ser clasificada según la literatura en tres niveles:

1. **Cliente (encuestas de satisfacción):** índice de satisfacción, tasa desfavorables o favorables. En las encuestas deben utilizarse preguntas cerradas para obtener las tasas de preguntas favorables o la tasa de respuestas desfavorables; además de suscitarse comentarios escritos. El interés de las encuestas radica en poder identificar zonas de insatisfacción nuevas o bien tendencia a la mejoría o a la degradación, y sacar de ello conclusiones en cuanto a sus orígenes o sus causas.

2. **Producto/servicio:** indicador de conformidad o de no conformidad con las referencias. Este indicador puede medirse por los documentos de referencia, especificación, manual de procesos, o contrato cliente-proveedor. Esto es válido para muchas "relaciones cliente-proveedor" internas a la empresa y que a menudo no se tienen en cuenta.

3. **Proceso:** indicadores que medirán sus niveles de defectos, de averías, de rechazos, de errores, etc.

Medir la calidad de un proceso significa conocerlo, y para conocerlo hay que analizarlo y luego documentarlo. Para cada actividad crítica hay que definir la característica de medida y el nivel mínimo que se pretende conseguir, con el objeto de disponer de indicadores objetivos de la calidad. Disponiendo de los indicadores de la calidad del proceso, la empresa debe establecer el plan de medición que permita conocer la calidad actual del proceso, la futura y las tendencias de la calidad. Para la evaluación de la Calidad es necesario poder medir, para lo cual se necesitan datos. Este hecho hace que habrá que saber qué, cómo, quién, cuándo, por qué, y para qué, se mide, elementos que están muy ligados a los criterios, indicadores y estándares de calidad.

Criterios, estándares e indicadores. Su relación con las mediciones en la calidad del

servicio. Consideraciones generales

En el ámbito de la restauración y la producción de alimentos la metodología para definir criterios, estándares e indicadores no es muy diferente a los demás sectores, pues esta se basa principalmente sobre elementos generales aplicables, sin embargo se hace necesario e imprescindible tener un pleno conocimiento de los procesos y modo de operación para poder hacer una correcta definición. Sobre esta base se comentan los elementos fundamentales de cada uno de estos aspectos:

Los criterios, son definidos como aquella *condición que debe cumplir una determinada actividad, actuación o proceso para ser considerada de calidad.* Esto quiere decir que ante todo se debe tener bien claro los objetivos que perseguimos y qué pretendemos teniendo en cuenta aquellas características que mejor representan (siempre que pueden medirse) lo que deseamos lograr. De forma general los criterios se confeccionan a partir de información que se recopila a partir de las diferentes herramientas de retroalimentación como pueden ser las encuestas o cualquier otro método de análisis del comportamiento de los clientes, así como también puede utilizarse información de la competencia, etc. Los criterios de calidad básicamente parten de la combinación de las necesidades reales y de las demandas de los clientes, con el conocimiento de las ofertas y productos de organizaciones de la competencia y las posibilidades que posee la organización para satisfacer esas necesidades y expectativas o para procurar en la medida de lo posible y/o aconsejable.

En cuanto a los indicadores de calidad, estos son considerados *una medida cuantitativa que puede usarse como guía para controlar y valorar la calidad de las diferentes actividades*. Es decir, la forma particular (normalmente numérica) en la que se mide o evalúa cada uno de los criterios. Debe tenerse en cuenta que lo importante no es tener indicadores, sino que estos cumplan la función de brindar información a la empresa si se está comportando conforme a lo que se considera lo apropiado (criterio de calidad). Los indicadores no pueden ser, por tanto, un fin en sí mismos y, desde luego, no pueden resultar tan costosos de recoger que en la práctica sean más altos los costes derivados de los indicadores que los costes de la atención al cliente.

La importancia fundamental de contar con un indicador se basa en poder controlar el acercamiento al objetivo y dado que, como bien expresaba Ishikawa, "calidad es medir, medir y medir", si se quiere alcanzar la excelencia en el servicio han de establecerse cuidadosamente los indicadores que reflejen de forma consistente los resultados de los esfuerzos realizados para conseguirla.

Suelen establecerse ciertas condiciones que deben cumplir los indicadores como pueden ser las siguientes:

- Cálculo relativamente sencillo y rápido.
- Fiel reflejo de la situación.
- Fácilmente interpretable por los afectados.
- Relacionado con un plazo de tiempo.
- Relacionado con un plan de acción y de seguimiento.
- Moderada variación en el tiempo.

En relación con el control de gestión mediante indicadores, la mayoría de los restaurantes según la bibliografía consultada se concentran en el cálculo del número de cubiertos servidos, ingreso y costo promedio del plato, costo promedio del servicio de restaurante por cliente, participación en los ingresos del restaurante o bar. También es posible calcular el ingreso promedio por cliente y el nivel de ocupación por restaurante. Una evaluación más completa de los bares se logra mediante el cálculo del ingreso y costo promedio por trago, ingreso promedio por cliente y costo promedio del servicio de bares por cliente.

En la restauración hotelera, el servicio a la habitación puede ser evaluado a través de su participación en los ingresos y el costo promedio del servicio por cliente. La calidad del servicio de la cocina, restaurantes, bares y servicio a la habitación se evalúa mediante encuestas y quejas recibidas, y con base en el tiempo requerido para la solicitud, preparación, servicio de alimentos y bebidas, reposición de bebidas, y facturación y cancelación; para cada uno de ellos existe un estándar establecido, el cual representa un referente de comparación. En los casos donde se llevan a cabo eventos y banquetes su gestión es evaluada por lo general en términos del número de eventos y banquetes por período, participación en los ingresos y costo promedio que producen los mismos.

Los Criterios de evaluación en la medición de los restaurantes por lo general se llevan a través de indicadores financieros y no financieros para el control y se concentran en medir la eficiencia en términos de costos y productividad. Sin embargo en la mayoría se deja a un lado la calidad con todo lo que esta implica y que es un factor determinante en el éxito de estos establecimientos de servicios.

En el caso de los estándares de calidad, según una definición bien conocida estos *se consideran valores de referencia, medida o relación que se emplean para servir de modelo o patrón de control*. De forma general estos aportan a la dirección y personal de la empresa un medio común y objetivo para evaluar los niveles de desempeño que se alcanzan en las diferentes áreas operativas. De esta forma se puede evaluar con una medida común los progresos, comportamientos y desviaciones. Estos se establecen idealmente a partir de las necesidades, deseos y expectativas de los clientes y las metas de calidad que debe alcanzar la empresa, por lo que deben responder con la más absoluta precisión a la realidad práctica de la función o actividad a la que serán aplicados. Uno de los usos más importantes de los estándares es en la medición y la gestión de la calidad ya que son los puntos de referencia para medir, evaluar y controlar mediante atributos percibidos del servicio, dado que estos se elaboraron a partir de las expectativas de los clientes.

Dentro de los elementos utilizados en la restauración de forma general para la estandarización de los servicios en los mismos se puede encontrar como algunos ejemplos:

- *Espera en área de recepción.* Se estima que los clientes no esperaran más de 15 segundos en la puerta sin que algún empleado se le acerque y salude sonriente. En caso de ser un cliente habitual se definirá utilizar su apellido o nombre completo para saludarle. Si es época de lluvia o invierno se le ayudará con el abrigo, paraguas, etc.
- *Ubicación en el salón.* En este caso el cliente será acompañado hasta su mesa siempre por el empleado que le reciba incluso si a

esto no le estuviera asignado el rango.
- *Servicio en las mesas.* Mientras el cliente consume su pedido el camarero correspondiente a su mesa deberá acercarse en intervalos de 10 min para preguntar si todo está bien o necesitan alguno más, así como para recoger platos o llenar copas.
- *Pago de la cuenta.* La cuenta será llevada al cliente en un plazo no mayor de dos minutos a partir de que este la haya pedido, al revisar la cuenta el camarero se retirar discretamente de la mesa.

El estándar, por consiguiente, determina el mínimo

nivel que comprometería la calidad de ese proceso. Por debajo del estándar la práctica (producto o servicio) no reúne calidad suficiente.

Se hace necesario comentar que para medir la calidad, debe definirse el criterio, elaborarse el indicador para luego fijar el estándar. Definir la calidad con solo palabras resulta confuso, especialmente cuando se maneja un área abstracta como es el servicio. Se requiere ir más allá, se requiere establecer parámetros concretos que nos permitan saber dónde estamos y donde queremos estar, solo así podemos trazar la ruta y emprender nuestro viaje rumbo a la mejora continua.

Tan importante como definir la oferta de alimentos y bebidas que el restaurante proveerá a sus clientes, es identificar las necesidades de insumos que responderán a la misma. Determinar cuántos cuchillos, tenedores, tazas, platos, cucharas, en fin, todos aquellos que intervienen, tanto en el proceso de elaboración como en la entrega final al cliente, deviene en un recurso imprescindible para la organización, ya sea en la etapa de inicio de las operaciones y durante la misma.

La responsabilidad de definir las cantidades y tipos necesarios recae en los responsables del servicio, no solo debe verse desde el ángulo del directivo, sino también que juega un papel importante el personal de contacto, el cual será el que mayor uso haga de los mismos y a quien se le confiará la custodia de éstos.

Por regla se dice que los insumos de servicios y de apoyo a éstos se determinan a partir de la identificación de la cantidad de comensales que la instalación sea capaz de asumir en un momento de carga total y por el menú que se ofrece, que también visionará las necesidades de maquinarias y equipos para la producción y ofertas del servicio, permitiendo establecer políticas de compra y planificación de reposiciones de los mismos.

Pocas veces se habla de una metodología específica para este asunto. Generalmente se definen cantidades sin realizar estudios previos, teniendo en cuenta solamente la disponibilidad financiera para ello. Así mismo, tampoco se prevén cuestiones tan sencillas como la necesidad de reposición de un cubierto al caérsele al cliente, incorporar un comensal a una mesa que ha llegado de improviso, o sea, un sinnúmero de situaciones que exigen en un momento determinado disponer de una reserva para no afectar el servicio o descomponer la monta de otra mesa o para responder a una oportunidad de negocio que pueda surgir.

Se debe partir del principio de que cada instalación tiene sus características específicas, y por tanto deberá adaptar su cálculo atendiendo a las particularidades de cada una de ellas. También es importante, en opinión del autor, que aquellas instalaciones que posean valores de indicadores estadísticos de consumo, basados en un período de explotación representativo, podrán tenerlos en cuenta, siempre que la calidad de los servicios no se afecte y que los costos de explotación no aumenten.

Procedimientos para la determinación de la dotación de insumo inicial del restaurante:

1. Definir cantidad de plazas en el restaurante
2. Listar los insumos necesarios por áreas
3. Definir el nivel de dotación en:
   Plazas (Salón)

Mesa
Bar
Panadería
Cocina.
4. Fijar índices de consumo iniciales.

Por ejemplo:

Para determinar la cantidad de cucharas para café necesarias en el salón, se procedería de la siguiente forma:

Ejemplo de cálculo				
DOTACION DE INSUMOS				
PLAZAS = 32			**BARES = 1**	
No.	Descripción	UM	Dot.	Cant.
1	Cuchara p/ café	u	plaza	3

La dotación de este insumo es por plaza y se ha fijado una cantidad inicial de 3 unidades por plaza. Esto significa que, para un restaurante de 32 plazas, será necesario considerar una cantidad inicial de 3 x 32, o sea un total de 96 cucharás para café.

El administrador deberá ser capaz de identificar según el uso las cantidades necesarias por insumo, quiere esto decir que para aquellos que son de apoyo se fijarán valores decimales y para aquellos de amplios uso enteros, teniendo siempre presente la ocurrencia de un uso de la carga al 100 por ciento, la ocurrencia de roturas u otras situaciones que generen la reposición inmediata del mismo al cliente, así como el nivel de circulación de los mismo en el área.

Un ejemplo básico de esto es que para un salón serán necesarios 4 cuchillos de asado por plaza, no siendo así para el Bar en el que se necesitará 0.05. Esto viene dado porque en el salón estos cuchillos forman parte del servicio, sin ellos el cliente no podrá consumir el producto y en el bar este será necesario para ejecutar alguna acción, no necesariamente el cliente depende de ellos para el consumo.

Una vez determinadas las cantidades iniciales de los diferentes insumos se fijarán los por cientos de reposición anual (en tanto por uno) para cada uno de ellos, teniendo en cuenta cuestiones tales como deterioros, pérdidas de imagen, roturas, robos, etc. Este valor inicialmente debe ser a criterio del gestor de alimentos y bebidas y debe ser presupuestado, para ello estimará una vida útil del mismo. Con el tiempo, a partir de los indicadores estadísticos este valor podrá ser actualizado de acuerdo al comportamiento de los mismos.

Ejemplo de cálculo					
DOTACION DE INSUMOS					
PLAZAS = 32				**BARES =**	
No.	Descripción	UM	Dot.	Cant.	Dot. Inicial
1	Cuchara p/ café	u	plaza	3	96

Empleando el mismo ejemplo de la cuchara para café, a esta se le ha fijado un por ciento de reposición anual de 0.5 o sea de un 0.5 x 100 = 50%., por tanto para este bar de 32 plazas será necesario reponer anualmente 1.5 cucharas.

Una vez establecido este valor se obtiene la cantidad de insumos a reponer anualmente, tomando como base la cantidad inicial y su reposición anual. Quedando de la siguiente forma: 1.5 x 32 = 48

Cuando se calcula la dotación de insumos para la apertura del negocio y el primer año de explotación solo se calcularán los totales iniciales, para planificaciones futuras se tendrán en cuenta los indicadores restantes, siempre y cuando el número de plazas no varíe.

Ejemplo: la cuchara para café, tiene un nivel de dotación por plaza. Entonces su cantidad inicial es de 3 unidades por plaza. Esto significa que para un restaurante de 32 plazas, será necesario considerar una cantidad inicial de 3 x 32 = 96 cucharas para café. Este insumo tiene una reposición anual de 0.5, o sea de un 0.5 x 100 = 50%. Significa que anualmente se deben reponer en el restaurante de 32 plazas (debido a roturas o pérdidas de imagen del producto) una cantidad de bandejas de 3.2 x 0.5 = 1.5 cucharas. De esta forma la dotación inicial del producto será de 96 + 48 = 144 cucharas.

Para los insumos cuyo nivel de dotación no está dado por plazas, sino por bares, mesas u otros. En este caso el procedimiento de análisis es el mismo, con la única diferencia de que hay que multiplicar los indicadores por el número de bares o de mesas, etc.

De esta manera, la parte calculada de la tabla para el bar de 32 plazas quedaría de la siguiente forma:

	Cadena: Ejemplo de cálculo						
	Módulo de dotación y Reposición de Insumos para Bares						
	Ejemplo						
	PLAZAS = 32			BARES = 1			
No	Descripción	UM	Dot	Cant	% Repos	Repos	Total
1	Abridor múltiple para botella	u	Plaza	3.2	0.05	0.16	3
2	Abridor de coco (2 por bar)	u	Bar	2	0.1	0.2	2
3	Abridor de pared y/o mostrador	u	Bar	6	0.1	0.6	7
4	Azucarera acero inoxidable		Bar	2	0.2	0.4	2
5	Bandeja circular		Plaza	3.2	0.5	1.6	5
6	Bate de madera dura (2 por bar)		Bar	2	0.1	0.2	2

Como se pudo observar en la tabla anterior, en la columna Repos, la mayoría de las cantidades a reponer anualmente son menores que la unidad. Esto significa que el insumo en cuestión, deberá reponerse en un período de tiempo mayor, lo cual da margen suficiente para elaborar los indicadores estadísticos y aplicarlos.

En otros casos no es así, lo que puede apreciarse la siguiente tabla. En ésta es evidente que la cantidad a reponer anualmente, que es la que se debe planificar, a partir del segundo año de explotación, es mucho mayor que la unidad en la mayoría de los casos.

Esta situación, como es lógico, está ligada a la fragilidad y durabilidad de los insumos.

Cadena: Ejemplo de cálculo							
Módulo de dotación y Reposición de Insumos para Bares							
Ejemplo							
PLAZAS = 32					BARES = 1		
No	Descripción	UM	Dot	Cant	Cant Inic	% Repos	Repos	Total
40	Vaso de cristal		Plaza	6	192	1.5	288	480
41	Vaso de cristal		Plaza	4	128	1.5	192	320
42	Vaso de cristal		Plaza	6	192	2	384	576

La determinación de la cantidad de insumos deviene en factor importante para el desarrollo exitoso del servicio, razón que se traduce en mayor número clientes satisfechos y mayor ingreso, así como la disminución del tiempo de servicios y disponibilidad para atender a otros clientes.

* Los valores empleados aquí son de ejemplo. Las instalaciones lo podrán establecer de acuerdo a sus índices estadísticos de consumo o evaluando la usabilidad de los mismos en el local.

Adoptar con éxito un modelo de gestión higiénico sanitaria

El Codex Alimentarius señala que los controles que han de aplicar las empresas alimentarías para garantizar la salubridad de los productos que elaboran o comercializan se han de basar en el sistema de Análisis de peligros y puntos de control crítico (APPCC). Este sistema permite identificar, evaluar y controlar, los peligros susceptibles de aparecer en la elaboración de los alimentos.

La obligatoriedad de crear, aplicar y mantener unos procedimientos de autocontrol permanentes basados en el sistema APPCC se recoge en el reglamento de la CE número 852/2004 del Parlamento Europeo y del Consejo 29 de Abril del 2004, relativo a la higiene de los productos alimentarios. El artículo 10 de la ley de seguridad alimentaria señala que las empresas que producen alimentos han de establecer sistemas de control eficaces, y las administraciones responsables deben garantizar el cumplimiento de esta obligación mediante sistemas de vigilancia y control adecuados

¿Qué beneficios se obtienen de la aplicación del Sistema APPCC?

Es evidente que, independientemente de su aplicación obligatoria, el sistema APPCC aporta a las empresas de restauración una serie de ventajas:

- Asegura la producción y la comercialización de alimentos seguros.
- Asegura y constata que existe una gestión en la salubridad de los alimentos.
- Demuestra que nuestra empresa autocontrola su actividad alimentaria.
- Promueve la confianza entre nuestros consumidores habituales y los clientes potenciales.

- Es una herramienta preventiva, actúa antes de que aparezca el problema.
- Se centra en las actividades de control de las fases críticas del proceso productivo.
- Es flexible, ya que se adapta tanto al gran restaurante como al pequeño restaurante.
- Se adapta a cualquier cambio del proceso productivo de nuestro restaurante.
- Se integra fácilmente en otros sistemas de gestión de la calidad, como la Norma ISO 9001:2000.

Peligros asociados a los alimentos

Existen tres tipos de peligros que pueden causar un efecto perjudicial para la salud:

- **Peligros biológicos:** son seres vivos entre los que podemos identificar los microorganismos: bacterias, virus y hongos microscópicos. Estos son los que se presentan con mayor frecuencia en los alimentos. También podemos encontrar otros seres como parásitos y algunos protozoos.
- **Peligros químicos:** el agente es una sustancia química. Podemos identificar las dioxinas, los residuos de los antibióticos, los tóxicos naturales, las biotoxinas marinas, las escombrotoxinas, el metilmercurio, los residuos de los productos de limpieza, de plaguicidas, etc.
- **Peligros físicos:** suelen ser trozos de vidrio, de metal, efectos personales, trozos de hueso, cabellos, etc.

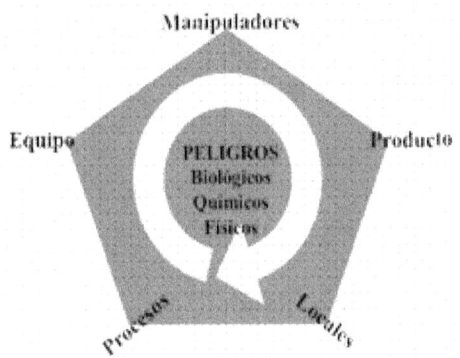

Los cinco factores relacionados con los peligros

Para prevenir los peligros alimentarios de nuestro restaurante debemos establecer un sistema de control que nos permita reducir los riesgos en cada uno de los cinco factores productivos: equipo de trabajo o manipuladores de alimentos, equipos de producción de comida, producto, locales donde se lleva a cabo la actividad, procesos de trabajo.

Consideraciones previas a la implantación del sistema

Antes de aplicar el sistema, nuestro restaurante debe tener una estructura de equipos adecuados y debemos producir los alimentos de acuerdo a unos principios generales de higiene. Un segundo aspecto a considerar es el de formar al personal del establecimiento en los principios y aplicaciones del sistema APPCC.

Finalmente la dirección, propiedad, etc. debe comprometerse en el planteamiento del sistema y asumirlo como una cuestión estratégica, necesaria y prioritaria.

El sistema APPCC debe aplicarse de forma individual para cada establecimiento de restauración, adaptándose específicamente a los productos y procesos que ejecutamos (condiciones de elaboración, almacenaje, etc.).

Asimismo, y antes de ponernos manos a la obra en la aplicación del sistema, debemos conocer los siete principios en los que se estructura:

1. Análisis de los peligros.
2. Determinar los puntos de control críticos (PCC).
3. Establecer los límites críticos.
4. Diseñar un sistema de vigilancia del control de los puntos críticos de control (PCC).
5. Definir las medidas correctoras que hemos de adoptar cuando el sistema de vigilancia indica que un determinado

PCC no está controlado.
6. Establecer un procedimiento de comprobación para confirmar que el sistema APPCC funciona eficazmente.
7. Diseñar un sistema documental de todos los procedimientos y registros utilizados en el sistema.

Implementando el sistema APPCC

Una vez hemos sentado las bases del sistema llega el momento de empezar el protocolo de implementación.

1. Formación del equipo de trabajo.
Es necesario componer un equipo de personas con los conocimientos técnicos necesarios sobre el producto y los procesos que llevamos a cabo en la empresa. Este equipo será el responsable de llevar a cabo el plan APPCC

2. Definición de los productos que elaboramos en el restaurante.

Llevar a cabo la descripción completa de los platos que elaboramos. Para ello, utilizaremos fichas de producción y composición de cada plato, métodos de conservación, condiciones de envasado, condiciones de almacenamiento de las materias primas, etc.

3. Elaboración del diagrama de flujo, describiendo detalladamente cada etapa del proceso de elaboración. También llamado trazabilidad.

Descripción esquemática y numerada de todas las etapas del proceso, desde la entrada de la materia prima hasta la salida del producto final. Así mismo, deberemos determinar los tiempos de preparación y producción, y el reciclado de los productos.

El sistema de gestión de la trazabilidad ha de ser concebida como un sistema de identificación de productos o grupos de productos a lo largo de toda la cadena de producción.

4. Confirmación in situ del diagrama de flujo.

En este punto deberíamos confirmar y asegurar que los diagramas de flujo realizados en el punto anterior coinciden con la realidad. Es decir, lo escrito en papel es lo que realmente hacemos

5. Análisis de peligros, para cada una de las etapas definidas en el punto anterior.

Comprende tres etapas:

- Identificación de los peligros. Peligros físicos, químicos o biológicos relacionados con la seguridad de los alimentos.
- Relevancia. Probabilidad y frecuencia de aparición.

- Establecimiento de las medidas de control. Para cada peligro relevante se establecerá una medida de control preventiva.

6. Identificación de los Puntos Críticos de Control para cada uno de los peligros.

Un punto de control crítico –PCC- es la etapa u operación en la que se puede realizar un control que es esencial para prevenir, eliminar o reducir, a un nivel aceptable, un peligro para la seguridad alimentaria.

7. Establecer los límites críticos para cada una de las medidas preventivas definidas.

Definir la frontera entre lo aceptable y lo no aceptable, entre lo seguro y lo no seguro. Un producto será seguro, en tanto los valores de los parámetros a controlar en cada Punto Crítico de

Control (PCC) se mantengan dentro de los límites críticos.

8. Establecimiento de un sistema de vigilancia por pruebas y observaciones planificadas para detectar cuando se superan los límites críticos.

La finalidad del sistema de vigilancia es comprobar si un PCC está bajo control (dentro de los límites críticos establecidos) y advertir cualquier desviación a tiempo de poder adoptar las correcciones necesarias.

El sistema de vigilancia debe contemplar los siguientes elementos:
- Qué tipo de vigilancia vamos a aplicar.
- Cómo se va a llevar a cabo el método de vigilancia.
- Dónde.
- Frecuencia.
- Quién será la persona responsable del control.

Todos los registros y documentos relacionados con la vigilancia de los PCC deben estar firmados por la persona que lo realiza y el responsable de la supervisión.

9. Definir las acciones correctoras a adoptar cuando se detecte una pérdida de control en un punto crítico de control.

Para proceder al diseño de las acciones correctoras debemos pensar en las alternativas más sencillas y rápidas para responder a las tres preguntas siguientes:

- ¿Cómo corregir rápidamente la desviación detectada?
- ¿Qué hacemos con el producto?
- ¿Cómo evitar que vuelva a suceder esto la próxima vez?

Deben aplicarse obligatoriamente:

- En el producto: se debe identificar la cantidad de producto afectado y decidir el destino correcto.
- En el proceso: ajustar el proceso y confirmar que funciona correctamente.

10. Establecimiento del sistema de verificación, para comprobar si el sistema de autocontrol funciona correctamente.

Comprobar que el sistema funciona eficazmente y que las medidas de prevención y de control que habíamos adoptado efectivamente así lo hacen:

- Comprobación de la eficacia general del sistema a través de la revisión de los peligros; PCC; validación de los límites críticos; vigilancia y medidas correctoras.

- Análisis del producto final, materia prima, superficies...
- Pruebas de caducidad.
- Revisar quejas de los consumidores.
- Auditorías internas, revisión de procedimientos y formación de personal.

11. Establecimiento del sistema de documentación, donde se anoten todos los resultados de las observaciones, registros y pruebas efectuadas, así como las medidas correctoras adoptadas.

Todos los procedimientos de cada etapa descrita en el sistema APPCC deben estar documentados, incluyendo toda la información de apoyo requerida.

Los procedimientos de vigilancia; acciones correctoras y verificación deberán estar registrados.

Asimismo se realizarán documentos pormenorizados de planes de:

- Manual de Buenas Prácticas de Fabricación o de Manipulación.
- Especificaciones de Proveedores de materias primas, envases, etc.
- Plan de Limpieza y Desinfección.
- Plan de lucha contra animales indeseables (Desratización).
- Plan de Mantenimiento Preventivo.

Ejemplo de cuadro de gestión del sistema APPCC

Etapa	Peligros y causas	Medida preventiva	PCC	Límite crítico	Sistema de vigilancia	Medidas correctoras	Procedimiento de comprobacion	Documentos Registros

El sistema APPCC, amén de ser obligatorio para todo restaurante y empresa alimentaria, supone un salto cualitativo y cuantitativo en la seguridad higiénico sanitaria de los alimentos que elaboramos. Encarecidamente recomiendo su adopción, ya que de esta forma nuestro equipo humano adoptará unos protocolos de trabajo seguros. lo que repercutirá en un producto final en condiciones y garantías.

Matriz de Miller

Calabacines rellenos con arroz y verduras y solomo

La matriz de Miller se caracteriza por establecer que todos los renglones del menú pueden ser clasificados en una de las cuatro categorías que ella define, y esto parte de analizar los elementos del porcentaje de costos, que bien pueden ser altos o bajos y los volúmenes de ventas que también pueden ser altos o bajos; o sea popular o no popular.

El procedimiento para establecer los parámetros para un volumen de venta alto o bajo, y un costo de alimentos alto o bajo, no está específicamente establecido por Miller, por lo que les recomiendo utilizar como patrón el establecido para el "Índice de Popularidad" de la Ingeniería de Menú.

El punto limítrofe del costo de alimentos alto o bajo es el porcentaje potencial de costos de los alimentos, que constituye el valor medio. Cualquier renglón menor a él se considera de costo bajo y si es mayor, se clasifica como de costo alto. El "mix" de menú, de acuerdo con Miller, es el que recobra el porcentaje más bajo de costo total de alimento.

Esta técnica define tres clasificaciones de acuerdo a los resultados obtenidos con su aplicación:

- "Ganadores" (volumen alto y costo bajo)
- "Perdedores" (volumen bajo y costo alto)
- "Marginales" (lo mismo de volumen bajo y costo bajo que de volumen alto y costo alto)

La gráfica a continuación resume estas clasificaciones, de acuerdo a los cuadrantes donde son ubicados:

	CPA (%)		
Cantidad de Unidades Vendidas	**GANADORES** Volumen alto y costo bajo	**MARGINALES** Volumen alto y costo alto	
	MARGINALES Volumen bajo y costo bajo	**PERDEDORES** Volumen bajo y costo alto	CUPV
	COSTO DE LOS ALIMENTOS EN (%)		

Donde:
CPA es el Costo Promedio de los Alimentos
CUVP es la Cantidad de Unidades Vendidas Promedio.

En este sentido, la primera apreciación que quiero hacerles, para poder realizar un análisis objetivo, es comenzar por establecer una clasificación para los productos que serán clasificados como "marginales". Como pueden observar, Miller no distingue entre ellos; sin embargo, el análisis no debe ser el mismo para los que operen a bajo costo y para los que tienen un alto volumen de venta en correspondencia con la media. Por tanto, asumo la responsabilidad de proponerles una nueva categoría para estos grupos.

Respetando a Miller vamos a clasificar a los marginales en Altos y Bajos; por tanto el grupo que posee un volumen alto en ventas y un alto costo será el de los "marginales altos" y el grupo en el que las variables que se analizan son bajos será el de los "marginales bajos".

Atendiendo a lo anterior la gráfica quedaría como sigue:

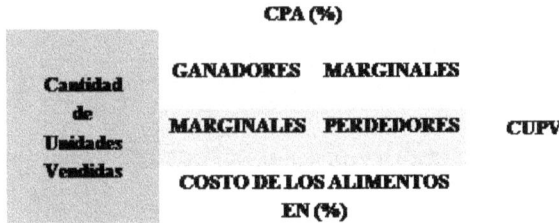

El método para la determinación de los valores que permitirán identificar cuándo el costo está por encima o por debajo de la media (CPA) es la sumatoria del costo de cada plato que se analiza y ese total dividido entre el número total de platos que fueron sumados.

En esta técnica, a diferencia de la Ingeniería de menú, no es necesario detallarlos por familias, sino que el análisis se puede hacer a toda la carta en sí.

Matemáticamente lo formularíamos así:

a) Para obtener el valor total del costo de los platos que se analizan.

$$CT = \sum_{1}^{n} CU j$$

Donde:

CT = Costo total del grupo de platos que se analiza
CUj = Costo Unitario de cada plato
n = Número total de platos que se analizan
CPA = Costo Promedio de los Alimentos (grupo que se analiza)

Este resultado se dividirá entre el total de platos (n) que se analizan; por tanto, para obtener el Costo promedio de los alimentos será:

$$CPA = \frac{CT}{n}$$

Y el resultado que se obtenga de esta división se multiplicará por 100, para convertir este valor a un porciento.

Veamos un ejemplo:

No	Plato	CUV	Cu
1	A	8	0.35 (35%)
2	B	7	0.38 (38%)
3	C	6	0.43 (43%)
4	D	9	0.41 (41%)
Total	4	30	1.57
Promedio		7.5 ≈ 8	0.39
CPA%			39%

Entonces, de acuerdo a los resultados de la tabla podemos decir:

Plato	CPUV	CPA %	Clasificación
A	>	<	Ganador
B	<	<	Marginal Bajo
C	<	>	Perdedor
D	>	>	Marginal Alto

¿Qué significa esto?

El plato A en correspondencia con los promedios, tanto de unidades vendidas como de costos, es rentable para el restaurantes; se infiere que es demandado por la clientela y su elaboración – composición no es costosa.

En el caso del plato B, aunque su elaboración no es costosa, el volumen de sus ventas, en correspondencia con el promedio determinado, es bajo. Requiere de acciones promocionales, ubicaciones privilegiadas en determinadas zonas de la carta, el uso de la venta sugestiva, etc., para incrementarlas. Para la organización es un plato que, si es bien conducido, proporcionará beneficios por ser de bajo costo.

En cuanto al plato C, realmente el restaurante, deberá evaluar su permanencia en la carta, no es muy demandado y su elaboración es costosa. Si el restaurador lo considera (yo creo que debe ser así), deberán agotarse todas las variantes para cambiarlo de categoría; entre ellas, respetando su composición, se deberá evaluar realizar la compra a proveedores que ofrezcan la materia prima que lo compone a un precio inferior.

Se puede observar que el plato D es ampliamente demandado, o sea, sus ventas están muy por encima de la media, pero su costo es alto. El análisis deberá enfocarse a mejorar ese costo, conjuntamente con el análisis del precio que de él haga la administración del restaurante. Si el plato es costoso, pero tiene fijado un precio que genera un margen bruto adecuado, el plato es rentable.

El ejemplo claramente refleja un resultado; pero, ¿serán estos resultados los que determinen las acciones a seguir?

La importancia del análisis multicriterio

Cordero asado con su jugo

Si adoptamos medidas acorde a la aplicación de este instrumento, estaremos cometiendo, tal vez, un error irreparable. Abogo por un análisis multicriterio. Lo que para **Miller** puede ser un "Perdedor", **La Ingeniería De Menú** puede clasificarlo como "Incógnita" y la **Matriz Costo –**

Margen como "Selecto". O sea, cada instrumento puede generar resultados diferentes para cada plato. Si el análisis se basa en una sola técnica se pueden adoptar decisiones erróneas, mientras que el análisis colectivo puede facilitar esas decisiones; por tanto la combinación de estas tres metodologías será lo más conveniente, sobre todo porque ellas tienen en común que emplean como base para el análisis una gráfica o matriz de cuatro cuadrantes, formada por líneas que se interceptan a partir del cálculo de promedios para cada eje.

El análisis de **Ingeniería De Menú** traza márgenes de contribución de renglones individuales en vez de márgenes de contribución ponderados promedios, que son los utilizados por el análisis de la **Matriz Costo - Margen**.

Este margen de contribución ponderado deviene en método que hace crítico el análisis, ya que incorpora el mix de ventas sobre el margen de contribución, y generalmente los cambios en las preferencias de los clientes se reflejarán en los costos e ingresos.

Claramente se puede observar que entre las tres metodologías existen diferencias en la clasificación de los renglones del menú, pero aunque las decisiones sobre la fijación de precios y ubicación de la oferta, basadas en los métodos de análisis que ellas establecen, conduzcan a interpretaciones diferentes, al realizar un análisis más profundo de las mismas se podrán tomar decisiones correctas en cuanto a ganancia, popularidad, y beneficios, que tendrán su efecto sobre los resultados del restaurante en cuanto a costos e ingresos y en la satisfacción del cliente, al contar con una oferta estudiada sobre la base de sus preferencias.

La tabla que se presenta a continuación muestra la denominación de los cuadrantes que comprenden a cada una de las clasificaciones de las matrices.

Costo - Margen	Ingeniería de Menú	Matriz de Miller
Selectos (AMC – BC)	Estrellas (AP – AMC)	Ganadores (AV - BC)
Standards (AMC – AC)	Vaca (AP – BMC)	Marginales (AV – AC)
Durmientes (BMC – BC)	Incógnitas (BP – AMC)	Marginales (BV – BC)
Problemas (BMC – AC)	Perros (BP – BMC)	Perdedores (BV – AC)

Donde:
A – Alto B – Bajo
MC – Margen de Contribución
C – Costo de los alimentos (%)

V- Volumen de ventas
P – Popularidad

Es por ello, que combinando las tres herramientas, podremos tomar decisiones más acertadas.

La propuesta

Un estudio realizado a una instalación gastronómica hace sólo unos meses, en la que la oferta era diversa, no había un equilibrio en las distintas familias que la componían y los proveedores eran inestables condujo, al aplicar cada una de las herramientas, a resultados que eran controversiales. Una decía que debía mantenerse el plato, otra que había que eliminarlo y una tercera era neutra. Por tanto, había que buscar un punto intermedio que facilitará la toma de decisiones.

La solución a este problema estuvo siempre clara. Debía realizarse un análisis multicriterio, lo difícil estaba en determinar cómo hacerlo, por lo que se determinó asignar una puntuación a cada clasificación, y es ahí la propuesta que hago a los gestores de alimentos y bebidas.

¿Cómo proceder?

Lo primero será asignar un valor entre 2 y 5 a cada clasificación como se muestra a continuación

Clasificaciones	Puntuación
Estrella, Ganador y Selecto	5 puntos
Vaca, Estándar y Marginal Alto	4 puntos
Incógnita, Durmiente y Marginal Bajo	3 puntos
Perro, Problema, Perdedor	2 puntos

La primera distinción que quiero hacer, en cuanto a esta propuesta, radica en la ubicación de los marginales. Se ha asignado al grupo de platos que clasifican como alto una mayor puntuación, aplicando precisamente ese análisis multicriterio. Si se observa el resto de las clasificaciones que asumen la misma puntuación son platos de alguna manera ayudan a suavizar los costos, por tanto, en este sentido he asignado un mayor valor a los platos que son más demandados.

Aunque sólo se tienen en cuenta las tres herramientas, los resultados se expresarán como si fueran cuatro, porque se toman en consideración las aplicaciones a nivel de grupos y de carta, como si fueran dos, que se realizan en la ingeniería de menú.

Un ejemplo hipotético de un plato clasificado por cada herramienta puede ser:

Plato	Ing. Menú (Grupo)	Ing. Menú (Carta)	Costo - Margen	Miller	Total
A	Estrella (4)	Vaca (5)	Estándar (4)	Marginal Bajo (3)	16
B	Incógnita (3)	Incógnita (3)	Durmiente (3)	Marginal Bajo (3)	12
C	Estrella (5)	Estrella (5)	Selecto (5)	Ganador (5)	20

Como puede observarse, el asignarle un valor a cada clasificación, se podrán obtener valores totales que al sumarlos que oscilarán entre 8 (peores resultados) y 20 puntos (mejores resultados).

En esta escala, que cada administrador ajustará acorde a su criterio, el valor inferior de la sumatoria de los platos, que no son del todo negativos es de 12 puntos (60% del total), por tanto todo aquel que sea menor a éste, es un plato que no está actuando bien en el mix de ventas: no es popular; opera a un alto costo y no ofrece un margen de contribución considerable. Por tanto el análisis multicriterio, empleando esta metodología permitirá más fácilmente su identificación y actuación inmediata por parte de la administración del restaurante.

De esta manera, aquellos platos que estén por encima de 12 puntos, según las herramientas, al menos, una vez, actúan de forma positiva dentro del menú, ya sea por su volumen de venta, su costo o su margen de contribución. Por lo que resultará más fácil identificar en qué herramienta tuvo un impacto negativo o el más bajo y sobre esa base determinar las acciones a seguir.

En la tabla del ejemplo hipotético, podemos observar que el Plato B se encuentra en el límite inferior de puntos.

Siendo los peores resultados a nivel de carta, en la ingeniería de menú y en menor grado, por operar a un bajo costo en la Matriz de Miller. Por tanto, las acciones que con él se tomen deben estar enfocadas al incremento de sus ventas y al análisis de su precio.

En el caso del producto A, se puede distinguir claramente que en la ingeniería de menú, a nivel de grupo o familia (entrantes, carnes blancas, carnes rojas, etc.) el plato es de alto impacto, mientras que al analizarse su competencia con el resto de los platos que componen la carta cambia de clasificación. Esto permite al administrador poder identificar las causas que lo condicionan y determinar las acciones a seguir para cambiarlo de una categoría a otra, lo que conllevará a un mejoramiento en los costos, precios, popularidad y márgenes de contribución.

El estudio del menú es una práctica que debe ser frecuente. Deben dejarse de lado esas viejas creencias de que mientras haya ventas habrá beneficios. Esto es algo en lo que vengo insistiendo en cada uno de mis artículos. Los hábitos alimentarios han ido cambiando; la capacidad de despliegue de recursos y la aplicación de métodos de gestión de la competencia aumenta; la cultura de servicios y gastronómica del cliente se multiplica. Es por eso que la oferta debe ser estudiada con bastante periodicidad, que más que buscando causas, permitan visionar las futuras consecuencias.

Marketing Gastronómico

Lasaña de carne con crujiente de parmesano

Está más que claro que los restaurantes son empresas de servicios en las que intervienen elementos tangibles. Siempre he sido de la opinión de que las cocinas y bares son grandes centros de producción, con la característica de que en ellos se pueden personalizar los productos y enriquecer el servicio, aportando los medios necesarios para enriquecer la experiencia del consumidor. Esto significa que en la actividad gastronómica se produce un proceso de interacción única cliente – servidor, en el que el primero especifica lo qué quiere y cómo lo quiere y el segundo lo proporciona en correspondencia con esos deseos, apoyándose de otras áreas o medios que lo tangibilizan y sumándole a ello, valores tales como la imagen, formas de comunicación, empatía, entre otras.

Esto también ocurre en entidades como las sastrerías, por ejemplo, en el que el cliente pide el modelo que quiere y también se produce ese proceso de interacción al ser tomadas las medidas de la persona para su traje, pero a diferencia de los restaurantes el cliente participa totalmente en el proceso de desarrollo del servicio y tiene la oportunidad de probar con anterioridad la experiencia que va a vivir.

Puse este ejemplo porque cuando tratamos de particularizar la actividad gastronómica muchas personas comienzan a navegar por ejemplos diversos, y es cierto que existen, pero en este tipo de actividad donde se elaboran alimentos y bebidas el porciento de participación del cliente es mucho menor al de los otros, porque aunque se establezcan especificaciones para el servicio, no conocen de su resultado hasta tanto no lo reciban, o sea, no existen oportunidades anteriores para poder evaluar cómo marcha el servicio, aunque si pueden crearse experiencias post al servicio..

Son cuatro los elementos que determinan una gestión eficaz del marketing de los servicios gastronómicos, que son:

a. La entidad debe definir claramente cuáles son las características de la oferta que hace. **(concepto del servicio)**
b. Debe identificar cuáles son esas características del servicio que busca o demanda el cliente. **(servicio base)**
c. Debe diseñar la forma en que ese servicio se prestará, tomando en consideración el criterio de los clientes. **(sistema del servicio)**
d. Debe establecer mecanismo para que se produzca el encuentro del servicio tal y cual se diseñó y lo demandó el cliente. **(encuentro del servicio)**

Y este es un aspecto sumamente importante, desde mi opinión la base para que el resto de las acciones, que no solo comprenden el marketing, sino las estrategias, acciones de capacitación, presupuestos, inversiones, etc., puedan se materializadas lo mas real posible de lo que se han proyectado, porque existe una tendencia a descuidarlas y por consiguiente crear crisis en la organización; y es que la empresa que provee el servicio, en este caso el Restaurante, debe buscar minimizar las diferencias entre el servicio que se ofrece, el que se proporciona y el que percibe el cliente.

En múltiples ocasiones hemos escuchado el cómo la segmentación de mercados contribuye a la orientación de las empresas hacia el éxito, sobre todo por el entorno tan competitivo al que se exponen, donde el conocimiento de las necesidades de los clientes viene a proporcionar la información oportuna para lograr la diferenciación.

Según la American Marketing Asociation la segmentación del mercado no es más que el proceso de subdividir un mercado en subconjuntos distintos de clientes que se comportan de la misma manera o que presentan necesidades similares. Cada subconjunto se puede concebir como un objetivo que se alcanzará con una estrategia distinta de comercialización.

Los clientes, que vienen a ser la razón de ser de las organizaciones, son muy heterogéneos; tanto así que esa diversidad que está representada por su ubicación, niveles socioeconómico, cultura, preferencias de compra, estilos, personalidad, capacidad de compra, etc. dificultan la implementación de técnicas de marketing que puedan reconocer en su totalidad esas necesidades y adoptar acciones para poder satisfacerlos a todos de forma similar, sino que para poder llegar a un resultado que provea la información necesaria se debe fragmentar ese mercado para poder seguir la continua evolución de los perfiles de los consumidores.

No basta solo con conocer a los clientes sino también a los competidores para poder establecer una estrategia que permita la adaptación de la organización a los cambios que se presenten. De este modo se puede decir que la segmentación por beneficios puede ser considerada como una de las técnicas más modernas de seguimiento a la evolución de los perfiles de los consumidores, a su vez que facilita el conocer bien al cliente y adaptar la oferta a sus necesidades. Se puede decir entonces que cuando se agrupan a los consumidores teniendo en cuenta los factores que lo mueven hacia la compra (como variable) se está aplicando la segmentación por beneficios.

En el articulo *"Análisis de las diferencias de consumo. Instrumento para saber qué y a quién ofrecer el servicio"*, publicado por esta revista el pasado 25 de noviembre del 2010, abordé el cómo identificar las necesidades de nuestros clientes según su consumo; por aquel entonces el objetivo que perseguía era mostrar un instrumento que permitiera a los administradores de restaurantes el contar con un recurso para poder definir, según nichos y franjas horarias, las diferentes ofertas que debían ser presentadas a los clientes para maximizar los beneficios financieros. Hoy podemos ver este instrumento, además, como parte de este articulo por el grado de relación que guarda con el contenido que se aborda.

La segmentación de mercados, de forma general, y viéndolo desde el punto de vista del restaurante genera los siguientes beneficios:

1. Permite orientar las ofertas, según franjas horarias, promociones y canales de distribución hacia los clientes.
2. Aprovechar sus recursos y capacidades enfocados hacia los clientes reales y potenciales del mismo.
3. Facilitar a sus clientes el poder encontrar las ofertas adaptadas a sus necesidades.

De igual manera es bueno recordar que para segmentar un mercado se pueden emplear las variables de segmentación de manera independiente o combinada. Estas variables son:

- **Segmentación Geográfica**: se refiere a la división de mercados en regiones de un país o del mundo, tamaño, densidad o clima.
- **Segmentación demográfica**: se refiere a la división de mercados según características de la población como: edad, sexo, estado civil, ingreso, educación y ocupación.
- **Segmentación psicográfica/psicológica**: se refiere a los aspectos y cualidades naturales o adquiridas del consumidor individual. Las variables a considerar son: necesidades-motivación, personalidad, percepción,

aprendizaje – involucramiento, actitudes y estilos de vida.
- **Segmentación por tasa de uso**: divide el mercado de acuerdo con la cantidad del producto que se compra o consume.
- **Segmentación por beneficios**: agrupa a los consumidores de acuerdo al beneficio que éstos esperan obtener del producto. Se identifican los principales beneficios y los principales productos que los ofrecen.

Cuando se evalúa una entidad, con el fin de identificar su imagen, calidad y el nivel de adecuación de sus atributos respecto a las necesidades de los clientes, se acude al estudio de sus percepciones en relación a un gran número de aspectos definitorios de la entidad. Previo a su llegada, el cliente posee un conjunto de motivaciones impulsoras de la decisión inicial de elección de la entidad a visitar. Estas motivaciones son los "beneficios buscados". El cliente, antes de llegar, crea su propia concepción de los beneficios que le reportará su visita, conformando la imagen previa del lugar, que de alguna manera le ha sido comunicada. (Taño et al, 2004)

La importancia del beneficio radica en la posibilidad de ser gestionado, de forma que el cliente luego de disfrutar del producto alcance elevados niveles de satisfacción en los beneficios considerados primordiales en cada tipología de consumidor.

Regresando al instrumento presentado en el artículo referido anteriormente, en éste se detalla el cómo al momento de realizar el estudio se procede a establecer rangos de edades para poder, posteriormente, relacionar las ofertas de acuerdo a los consumos y determinar el principal nicho del restaurante. Para la segmentación por beneficios realizaremos la misma acción, solo que introduciremos variables que podamos cuantificar y que, además de permitirnos evaluar ofertas gastronómicas, nos permitan conocer los atributos del restaurante que representan beneficios para los clientes.

La aplicación de instrumentos cuantitativos no deben ser el único impulsor de toma de decisiones, la observación, en este caso particular de los restaurantes, viene a jugar un papel muy importante, pues el comportamiento, expresado por el cliente, que puede ir desde los gestos hasta las palabras, contribuyen a obtener una visión general sobre sus sentimientos en cuanto a lo que se les está ofreciendo.

El propio hecho de que los restaurantes sean instalaciones donde el cliente combina los diferentes sentidos, hace que el proceso de segmentación por beneficios sea más abarcador y menos preciso, por lo que las decisiones que se adopten deben estar colegiadas y no basadas en la subjetividad que puedan generar las encuestas de satisfacción a los clientes; recuerde que muchas opiniones pueden estar afectadas por sentimiento externos al servicio y la oferta del restaurante.

Dentro del conjunto de variables que pueden ser consideradas al momento de realizar cualquier estudio de este tipo podemos encontrar, como propias para la actividad gastronómica los siguientes: *Aclaro previamente, que considero estas variables como atractivos también, dado a que los motivos de compra de los clientes pueden fácilmente estar asociados a los mismos.*

1. Ubicación:

a. Vías de acceso
b. Iluminación
c. Seguridad

2. Arquitectura (Local):

a. Conservación
b. Cromatismo
c. Clima
d. Capacidad
e. Mobiliario

i. Distribución
ii. Confort

3. Oferta:

a. Precios
b. Temperaturas de los alimentos
c. Cantidad
d. Sabor
e. Variedad

4. Recursos Humanos:

a. Presencia personal (Uniformes, apariencia física,
b. Capacidad de comunicación
c. Dominio de la oferta
d. Capacidad de improvisación

5. **Flexibilidad** (en este caso me refiero al hecho de que el restaurante sea capaz de modificar determinado atributo en beneficio del cliente, así por ejemplo la capacidad de realizar una preparación culinaria no incluida en el menú)

6. Ciclo de Servicio:

a. Tiempo de espera
b. Tiempo de entrega
c. Tiempo de Cierre
d. Horarios (Respeto a los horarios establecidos)

7. Tecnología e insumos:

a. Maquinarias y equipos para el servicio
b. Lozas
c. Cubertería
d. Cristalería
e. Informatización

8. Medioambiente:

a. Niveles de ruido (Música por ejemplo)
b. Supresión de olores y vapores
9. Experiencia
a. Tiempo en el mercado
b. Imagen
c. Reconocimiento de la marca

Diversas variables pueden ser consideradas, las mencionadas anteriormente solo representan un pequeño porcentaje de todas las que pueden ser incluidas, mientras más detalles mejores resultados, pues existirá la posibilidad de ir fragmentando los distintos beneficios y en función de ello poder accionar.

Increíblemente, la situación geográfica y los niveles de vida de los ciudadanos son el principal detonador de los resultados en las organizaciones. Se puede decir, entonces, que estas dos variables de segmentación pueden ser combinadas con la segmentación por beneficios y van a aportar abundante información al informe final que se generará luego del estudio, y es que, por lógica de la vida, las comunidades tienden a fidelizarse con empresas que les aporten beneficios, resultado esto de alto grado de compromiso que crean con sus empleados dado a que muchos de ellos llegan a ser vecinos o familiares.

El principal beneficio que he podido identificar en los estudios que realizo al respecto, y para el cual he tenido la oportunidad de confrontar en distintas sociedades, es el de generar estatus, más que satisfacción por la calidad de los alimentos.

El hombre, bien lo reconoce Maslow en su pirámide, después de la satisfacción física y biológica, busca el reconocimiento social sin importarle el precio, por lo tanto una variable que puede determinar mucho al momento de la segmentación es el de la afluencia de público, o sea, ver cómo impacta ésta en los estudios que se realicen, para que puedan mantenerse competitivos. En el proceso de estratificación esta variable no puede ser descuidada, pues según los resultados que se obtengan, así serán las acciones que se deben adoptar para poder mantener los niveles de comercialización a cualquier precio y para ello puede apoyarse en la contratación de grupos musicales, humoristas o cualquier otra manifestación artística que atraiga público.

Alertas

En cuanto al tema en concreto, hago un llamado de atención, con relación al tratamiento de la información obtenida, así como a las formas de recolección de datos establecidas. Resulta extremadamente "peligroso" solo basarse en los resultados de las encuestas, ellas por lo general son de amplio alcance, rápida construcción y muy económicas en su aplicación, pero dan cabida a la subjetividad, y es en esa propia subjetividad donde se pueden generar las fallas o fugas de la información verdadera que conduzca a las acciones precisas que deben ser adoptadas.

Otro elemento a considerar y que debe ser muy bien seleccionado son los instrumentos estadísticos que se aplicarán, muchos administradores son fanáticos a los por cientos y gráficos, y en ocasiones se pierden en sus análisis no llegando a interpretar adecuadamente cada resultado.

Así mismo ocurre que la persona responsable del estudio auque posea un alto nivel educacional no esté preparado o posea la experiencia para asumir una responsabilidad tan importante. El hecho de que alguien en nuestra organización parezca capaz para algo no necesariamente tiene porque saber sobre el asunto. Hay que saber escoger quién llevará a cabo el estudio y para ello se deben analizar cuestiones como:

- **Experiencia:** al menos la persona que se designe para realizar el estudio debe haber participado como miembro de un equipo en estudios anteriores. Si la organización no contara con alguien que cumpliera este requisito, deberá contratar a un experto e incorporar a un miembro de su empresa para que adquiera el know how.

- Nivel de conocimiento de los clientes: imposible realizar un estudio sin conocer qué tipo de clientes es el que frecuenta el restaurante, hacia dónde se orienta el producto que se ofrece y cuáles son las alternativas que utiliza el restaurante para poder solver las necesidades de los mismos.

- Capacidad de interpretación: la obtención de valores numéricos y resultados cualitativos deben ser analizados de forma individual y luego en general para poder comprender bien qué es lo que están diciendo.

- Poder de síntesis: si importante resulta el poder interpretar adecuadamente cada resultado del estudio, muy importante lo viene a ser el resumen que de ellos se hagan. Muchas veces en 4 palabras se puede decir lo que una persona puede intentar mostrar en un párrafo. El exceso de información aburre, la información precisa

En resumen, y para que no tengamos que lamentarnos después:

- Hay que estar consciente de lo que se quiere lograr cuando nos planteamos la idea de la segmentación.
- Hay que estar bien seguro de que la persona a la que hemos asignado esta tarea posea los conocimientos adecuado para poder cumplirla.
- Los informes deben ser sintéticos y claros, no pueden quedar lagunas en el análisis de los resultados.

- Hay que estar claro de cuáles son las variables que se van a considerar en el estudio, por su peso en los resultados de la organización.
- El estudio no debe ocupar un periodo largo de tiempo, sino que debe ser actualizado con la frecuencia necesaria (1 año o más) para poder comprender los cambios que vienen ocurriendo y cuándo se deben producir los mismos.

El cliente aspira a percibir los cambios en un periodo de tiempo prudencial, no de golpe, pues como seres humanos que somos, si usted cambia algo, siempre nos preguntamos si nos costará a nosotros.... Actúe con mesura, conozca que gusta y disgusta a su cliente, que lo atrae y que lo aleja, modifíquelo pero hágalo parte de ese cambio.

El Plan de Marketing para el Restaurante

Pastel de salmón con crema de queso fresco

Hace algunos años todo era más fácil. Las empresas gastronómicas podían predecir y diseñar su futuro dado a que sus factores de éxito dependían mayoritariamente de la propia empresa (80%) y el resto del entorno (20%). Sin embargo, los cambios que se producen en la actualidad son cada vez más extremos y fluctuantes que a veces resulta difícil predecir el desempeño futuro de la empresa. Y es que se han reinvertido el valor de esos factores claves de éxito, en el que el factor externo viene a cobrar mayor importancia e inmajenabilidad.

Esta, cada vez más, acelerada evolución del entorno ha condicionado la necesidad de un sistema de dirección para las empresas que se encargue de orientarlas y adaptarlas a las condiciones inestables del mercado actual y a sus características propias; es decir, que así surge en el ámbito empresarial el concepto de Planeación Estratégica como una alternativa válida y necesaria para darle respuesta a la problemática empresarial.

Philip Kotler (1994) plantea al respecto que "La Planificación Estratégica es el proceso de desarrollo y mantenimiento de un ajuste viable entre los objetivos y recursos de la compañía y las cambiantes oportunidades del mercado. El objetivo de la planificación estratégica consiste en modelar y reestructurar las áreas de negocio y producto de la compañía, de forma que den beneficios y crecimientos satisfactorios."

Dentro de todo este proceso, juega un importante papel la planificación del marketing como parte indisoluble de la planificación estratégica, y que constituye una herramienta básica de gestión que debe utilizar toda empresa orientada al mercado y que quiera ser competitiva. En su puesta en marcha quedan fijadas las diferentes actuaciones que deben realizarse en el área del

Marketing, proporcionando una visión clara del objetivo final y de lo que se quiere conseguir en el camino hacia la meta, al mismo tiempo que informa, con detalles, la situación y posicionamiento en la que se encuentra la empresa, definiendo las etapas que se han de cubrir para su consecución. Sin embargo, para poder llegar al Plan de Marketing es preciso tener claros los planteamientos del Plan Estratégico, ya que de no ser así, faltaría la guía que define el rumbo que aspira seguir la empresa.

En este sentido es bueno recordar que mientras el Plan Estratégico traza sus estudios para la organización como un todo, mientras que el Plan de Marketing se centra más en el estudio de un área concreta de producto – mercado, que en dependencia de las características de la organización objeto de estudio, este análisis puede llegar a los niveles de las carteras de productos.

El plan de Marketing

Si una temática ha sido abordada con profundidad, y en cantidad, ha sido la relacionada al plan de marketing. Son disímiles los autores que han llegado a establecer sus propias conceptualizaciones desde la óptica o disciplina científica en que lo han trabajado, pero de todas estas definiciones emergen siempre tres características fundamentales:

- *La primera* es que es un documento escrito, por lo que le confiere un carácter formal y en el que se detallan las acciones especificas de marketing dirigidas a objetivos específicos

propios del mercado en el que opera y compite.
- *La segunda* lo constituye el propio hecho de que este documento delimita claramente los campos de responsabilidad y establece procedimientos de control y;
- *La tercera*, y última, es que presenta un contenido sistematizado y estructurado que sigue la secuencia lógica de la planificación estratégica.

Según plantea Philip Kotler el plan de marketing puede ser utilizado desde dos puntos de vista, **en su función estratégica**: para definir los objetivos de marketing y la estrategia, a partir de un análisis profundo del mercado, y **en su función operativa**: donde se concretan las tácticas de marketing específicas relacionadas con las conocidas cuatro "P".

El plan de Marketing fija sus objetivos en el mercado y busca, fundamentalmente, incrementar la participación de la empresa y su posición competitiva en éste, posicionando su marca y fidelizando y atrayendo clientes, además de que, según los diversos autores, asegura la toma de decisiones comerciales y de marketing con un enfoque sistemático; incrementa la predisposición y preparación de la empresa para el cambio, con lo que se minimizan las respuestas no racionales a los eventos inesperados; mejora la coordinación y comunicación entre las distintas áreas de la organización, al acrecentar el vínculo en la toma de decisiones de cada una, con lo que se hace más eficaz la asignación y utilización de los recursos de acuerdo con las oportunidades; aplica un enfoque sistemático de la formulación de las estrategias conduce a niveles más altos de rentabilidad sobre la inversión y proporciona un marco general útil para la revisión continua de las actividades.

No obstante lo anterior, el plan de marketing exige tiempo y esfuerzo, el cual se verá incrementado mientras mejor sea su planificación; conlleva a un costo; y si esta planificación es rígida se corre el riesgo de no ser flexible ante los cambios que se requieren, dificultando la adaptación de la empresa al nuevo entorno.

Estructura del plan de marketing

Si antes hablaba de que es abundante la literatura sobre el tema, vuelvo a emplear el mismo criterio para hacer referencia a las variadas propuestas de estructuras que se proponen para la formulación de este documento, que aunque sus diferencias más bien radican en la forma y no en el contenido, si son notorias las fases que debe contener y los contenidos que se deben analizar en cada una de ellas.

Lo anterior yo lo veo como algo lógico. No debe ser igual el análisis que se hace para una empresa de telecomunicaciones que para un restaurante, por ejemplo. A pesar de lo anterior, la mayoría de esas propuestas contienen de forma general las siguientes etapas:

Etapa	Contenido	
Primera etapa:	a)	Análisis de la situación actual: Se descompone en dos fases: análisis externo y análisis interno.
	b)	Análisis DAFO: Identifica las principales Debilidades, Amenazas, Fortalezas y Oportunidades.
Segunda Etapa:	a)	Objetivos: Definen los objetivos que guiarán la búsqueda de las estrategias y programas de acción.
	b)	Estrategias de Marketing: Elección de la estrategia a seguir entre las diferentes alternativas.
Tercera Etapa:	a)	Programas de acción: Especifica ¿qué hacer?, ¿cuándo?, ¿quién lo hará? y ¿cuánto costará?
Cuarta Etapa:	a)	Presupuesto: Elaboración del presupuesto que será necesario y pronóstico de los resultados que se esperan obtener.
	b)	Control: Indica cómo se vigilará el plan.

Enfocando este análisis a la restauración, las principales cuestiones a considerar para el estudio y posterior confección del Plan de Marketing del restaurante son las siguientes:

Primera Etapa: Análisis de la Situación actual

El análisis de la situación actual comprende el estudio de aquellos factores internos y externos que impactan sobre la organización y que informan sobre aquellas cuestiones que deben ser tomadas en consideración para poder trazar una estrategia. Con ánimos de ganar espacio y poder exponer nuestra teoría, supondré que los lectores pueden diferir entre lo externo y lo interno y abordaré este apartado de forma conjunta. Los principales elementos a considerar para esta etapa son:

Análisis del mercado: este aspecto viene a constituir la clave del plan de marketing y tiene como propósito el poder obtener una "definición" lo más precisa posible del perfil del consumidor del restaurante. En este apartado es recomendable identificar clientes actuales y potenciales, qué es lo que les atrae de nuestro restaurante, cuáles son sus deseos, necesidades y expectativas y cómo las cubrimos, qué ofrecemos que nos distingue de la competencia, cuáles son nuestras debilidades, fortalezas, amenazas y oportunidades.

Existen técnicas cuantitativas para el análisis de la oferta en restaurantes, bien podrían ser empleadas aquí, aquellas que pueden generar comparaciones entre los restaurantes con los que competimos, y que a su vez nos ofrecen información relevante para la toma de decisiones; así por ejemplo el desarrollo de una ingeniería de menú y precios nos permitiría identificar las preferencias de los clientes y el grado de variación que pueden asumir los precios de nuestros productos con respecto a la competencia, también es viable el estudio de los niveles de indiferencia del consumidor, pues así se pueden definir los nichos o segmentos de mercados que hacen uso de nuestros servicios y sus preferencias y evaluar alternativas de retención y fidelización.

De igual manera el análisis de la situación pueden contener estudios como:

- Índice de crecimiento del mercado y sus segmentos.
- Análisis del comportamiento de la penetración de nuestros productos y/o servicios en esos mercados y segmentos.
- Estudio de los mercados y segmentos que no hemos podido penetrar y las razones por las que no lo hemos logrado.
- Rentabilidad del sector.
- Factores que inciden en la demanda del servicio.

- Análisis de las ventas comprendiendo un período no menor a 5 años.
- Análisis estadístico mensual del comportamiento de las ventas de la forma mas detallada posible (para ello usted puede desglosar éstas en dinero y cantidades de productos, horarios, días de la semana, ocupación, cuenta promedio, etc.).
- Tendencias actuales del sector en función de productos, tecnología, cambios en la sociedad, marco legal y político

Análisis de la competencia: el sector de la restauración presenta un gran número de oferentes similares, tanto en poder como en tamaño, por lo que la rivalidad competitiva se incrementa a diario, lo que implica conocer a nuestros competidores permitiéndoles obtener un patrón de referencia y poder compararnos en cuanto a producto, precio, canales de distribución, formas de comunicación, así como para poder emplear herramientas para la evaluación, aprendizaje y aplicación de las mejores prácticas de otras instalaciones competidoras.

En este sentido el encargado del estudio, sin dejar de considerar a todos los competidores, desde mi humilde opinión debe discernir entre aquellos que impactan directamente sobre nosotros y los que no. En cuanto a la competencia directa elementos como el precio, la oferta, la decoración, el mobiliario, el personal, la ubicación, el acceso, los valores agregados, o sea todo lo que conduce a que los clientes seleccionen sus servicios.

Logística: comprende el estudio de los niveles de servicio que se ofrecen, depurando lo máximo posible las diferencias entre lo que se ofrece y cómo lo percibe el cliente; además de la capacidad de compra y almacenamiento, el análisis de los proveedores en toda su dimensión (calidad, precio, entrega, servicio de post-venta, garantías, respuestas a pedidos no planificados, etc.)

En esta etapa se pueden incluir tantas variables como la empresa considere necesario sean útiles para la formulación estratégica del plan de marketing. La selección de las variables o elementos a considerar no deben realizarse "a pulso" sino que deben ser conciliadas para no incurrir en estudios innecesarios.

Diagnóstico de la Situación: partiendo de la información obtenida anteriormente, el diagnóstico actual del Restaurante para el que se desarrolla el plan de marketing se apoyará en una la Matriz DAFO en la que se deben considerar:

- Listado de las principales Debilidades, Amenazas, Fortalezas y Oportunidades de la organización.
- Posicionamiento en la matriz DAFO.
- Problema estratégico fundamental.
- Solución estratégica correspondiente.

Segunda Etapa: Establecimiento de los objetivos y Estrategias de Marketing

Para el desarrollo de esta etapa, y en función de los resultados obtenidos en la etapa anterior, lo ideal es proyectar para un futuro inmediato ingresos y ventas, tomando en consideración la existencia de diferentes escenarios que permitan formular los objetivos, estrategias y acciones a seguir.

Estos objetivos deben caracterizarse por ser medibles en el tiempo de forma tal que se pueda valorar si los esfuerzos realizados concuerdan con dichos objetivos. La naturaleza de estos objetivos comprende los cuantitativos y los cualitativos que deben caracterizarse por ser alcanzables, aceptados, flexibles, motivadores, comprensibles y coherentes.

Entienda que no puede asumir una actitud agresiva, si no dispone de los recursos y capacidades necesarias para ello. Sus objetivos y estrategia de marketing deben ser evolutivos. Con esto lo que quiero decir, y que es un problema que he visto con frecuencia, que se formulan acciones pensando en la competencia y finalmente fracasan. Yo, en lo personal le sugiero que se proyecte pensando en el propio restaurante, de forma tal que pueda ir superando etapas que les permitan a los clientes, su principal razón, percibir esos cambios.

Generalmente grandes cambios generan grandes confusiones y la actitud de muchos clientes no es preguntar o probar, sino escapar. Si su restaurante cambia de un día para otro el cliente asociará esos cambios al incremento de los precios y por consiguiente escogerá otro restaurante para satisfacer sus necesidades.

Para la formulación de sus objetivos y estrategias, y alcanzar sus planes de marketing usted deberá apoyarse en las principales herramientas que para este tipo de disciplina se han desarrollado en función de su público objetivo, posicionamiento, línea de producto, precio, distribución, fuerza de ventas, servicios, publicidad, promoción de ventas, I+D, investigación de marketing, entre otras.

Dentro de los principales objetivos que pueden proyectarse en un restaurante se encuentran:

- **Objetivos de rentabilidad**: en este sentido puede hablarse de índices operacionales de costos de los alimentos y las bebidas,

los márgenes de contribución, precios de los productos, índices de venta y de presentación de las ofertas, entre otros.
- **Objetivos de publicidad y promoción**: se refiere a los mecanismos que se pueden establecer para incrementar el conocimiento de la marca, de los productos que se ofrecen, así como del número de personas a las que pueden llegar los mensajes que se envían.
- **Objetivos de imagen pública de la empresa**: bien pueden considerarse en este objetivo cuestiones tales como: obtención de premios o reconocimientos ambientales, por la calidad y excelencia del servicio

Tercera Etapa: Plan de acciones

Consiste en definir de forma concreta qué acciones van a ponerse en marcha para llevar la estrategia de marketing a la práctica y, así, alcanzar los objetivos que se persiguen.

Cuarta Etapa: Presupuesto y Control

El presupuesto constituye la base para la adquisición de materiales, fechas de producción, la planificación de personal y las operaciones de marketing y su determinación representa la suma de los materiales necesarios para la puesta en práctica del plan de acción

En cuanto al control, no es más que el establecimiento de las formas en que se le dará seguimiento al plan general. Para ello se pueden emplear diversas fuentes como el análisis de la cuenta de resultados; control del cumplimiento de los objetivos según indicadores establecidos o la aplicación de encuestas a clientes, aunque pueden seleccionarse otras, siempre y cuando ellas reflejen los resultados de lo que se quiere controlar.

Presentación del informe final o estructura de informe, se presentan aquí dos variantes. La primera según lo que plantea el gurú del marketing, Philip Kotler y otros autores, y la segunda con los criterios recogidos de Santesmases, Serra y Ferré Trenzano. Así mismo al final de este artículo les propongo, la que yo en lo personal empleo para este tipo de trabajo:

Según criterios de Philip Kotler y otros autores

Secciones propuestas por Philip Kotler y otros autores	Secciones propuestas por Santesmases, Serra y Ferré Trenzano
- Resumen ejecutivo - Análisis de la situación actual de marketing. - Análisis de amenazas y oportunidades - Objetivos - Estrategias de marketing - Plan de acciones - Declaración de beneficios y pérdidas esperados - Control	- Análisis de la situación - Diagnóstico - Fijación de objetivos - Selección de líneas estratégicas de actuación - Diseño de programas y acciones de marketing-mix - Implementación del plan - Control

Según compilación de Santesmases, Serra y Ferré Trenzano

Y esta es la variante que les propongo. Fundamentalmente sigo esta estructura, pues generalmente este tipo de informe también se emplea para atraer a futuros inversionistas y consecuentemente, ello les permite tener una fotografía mucho más completa del estudio.

Estructura del Plan de Marketing
- Cubierta de presentación
- Tabla de contenidos
- Introducción
- Resumen Ejecutivo
- Análisis de la situación
- Problemas y oportunidades
- Objetivos
- Estrategias
- Plan de acción
- Presupuesto
- Controles
- Anexos

Estimado lector, como dice un programa de TV por esta zona, "yo le presento las ideas, el camino lo escoge usted".

El Plan de Negocio

Risotto, col china y ternera

"Allí donde los otros ven crisis, nosotros vemos oportunidades, allí donde otros ven negocios que terminan nosotros vemos nuevos negocios emergentes"[1]

Soñar no cuesta nada: saber despertar es la cuestión.

La crisis nos afecta a todos y en todos los sentidos: *económico, social y psicológico*; y es que cuando carecemos de algo material se acentúan las necesidades espirituales y se produce una confrontación entre el deseo y el poder. Es precisamente este divorcio, entre lo que se puede y lo que se quiere hacer, la causa para que surjan algunas ideas, algo así como que entramos en una fase de sueño en el que la realidad nos hace despertar de golpe.

No es menos cierto que grandes negocios han nacido de una idea que otros consideraron imposible de materializar, como, de igual manera, muchos hombres han perdido grandes recursos con ideas que otros creyeron posible, y, es que, aunque parezca una paradoja, no hace falta tener mucho dinero para poner en práctica la solución a una necesidad humana identificada, si se cuenta con los recursos básicos para darle respuesta.

El falso concepto de que mientras más se invierta financieramente garantizará el éxito del negocio es un mito, si señor, se lo digo, es un mito. El capital que se aporta al negocio, quizás no sea mucho, pero bien invertido y conjugado con la capacidad creadora de sus propietarios serán los mejores recursos para que lo que era un sueño se convierta en realidad y esa pequeña empresa crezca.

No mire lo que es capaz de hacer su vecino, miré lo que usted puede hacer.

Le anticipo que el mayor problema al que usted se enfrentará, si en realidad quiere poner en práctica su idea, va a ser el poder determinar que ella es posible. Sepa que son muchos los restaurantes que fracasan, incluso liderados por empresarios con experiencia, y no es precisamente por la falta de recursos, sino por la falta de estudios que permitan evaluar la potencialidad del mismo.

Antes de invertir su tiempo y dinero es preciso que usted esté conciente de cuáles son sus limitaciones. Si usted es capaz de identificar las áreas en las que requiere de la asesoría de especialistas no vacile en solicitar ayuda. Usted no tiene porque ser un experto en realizar estudios de factibilidad, sobre todo por su grado de complejidad.

Pero si lo anterior es importante, lo pondré a prueba. No solo basta con estar convencido de que los cálculos que se desprenden de un estudio, como el que le mencioné anteriormente, sean positivos, sino que el primer gran momento y, a mi modo de ver, el que desenlaza la trama de esta aventura, va a estar condicionado por la respuesta que usted proporcione a las siguientes preguntas, y que de algún modo abarcan las dimensiones, físicas – psicológicas y profesionales, sin un orden establecido:

- **¿Estaría dispuesto a perder sus ahorros?**
- ¿Tiene fuerza de voluntad y autodisciplina?
- ¿Se adapta a los cambios de situaciones?
- ¿Acepta consejos de otros?
- ¿Está preparado para bajar su estándar de vida por varios meses o años?
- ¿Le gusta trabajar con el público?
- ¿Le gusta tomar sus propias decisiones?
- ¿Planea con anticipación y consigue hacer las cosas a tiempo?

- ¿Confiaría la administración de su negocio a otros?
- **¿Estaría dispuesto a perder sus ahorros?**

Nótese que la primera y última pregunta es la misma, y ha sido intencional, porque el primer gran riesgo que se corre al tratar de poner en práctica la idea de abrir o expandir un negocio, que por supuesto demanda de recursos financieros, es la de que el negocio no tenga la respuesta del público que usted esperaba y consecuentemente esos recursos financieros se pierdan. Pero seamos positivos y pensemos siempre, que si actuamos como corresponde y transitamos por cada una de las etapas que requiere la apertura de un negocio, en el orden establecido y con la cautela necesaria, nuestros propósitos se cumplirán.

Y quizás a usted, esto le parezca pura palabrería o un acto para impulsarlo a contratar servicios de consultores o la dependencia a un estudio; porque, como yo, puede haber conocido personas que sin la preparación necesaria han abierto establecimientos que han tenido un gran éxito. Debo reconocer que eso ha ocurrido y tengo que reconocer, también, que son personas que poseen una habilidad nata para los negocios; pero lamentablemente son de mil casos muy pocos, y lo cierto es que la media no es así; por tanto, mi consejo radica en que *no mire lo que es capaz de hacer su vecino, sino que mire lo que usted es capaz de hacer.*

No hacen falta moldes nuevos para crear en moldes viejos algo nuevo.

No basta sólo con tener la idea y los recursos financieros. Muchos emprendedores han fracasado precisamente por creer que con dineros lo tienen resuelto todo. Y es lógico que esto ocurra, porque las personas que piensan así, más que motivados por una idea están motivadas por un enriquecimiento mal fundado. Es normal que toda persona que pretenda abrir un negocio piense en los beneficios que recibirá cuando esté operando, pero para ello debe tener bien claro *dónde, cómo, cuándo, y quién* garantizará que esto ocurra.

No importa la dimensión o tamaño de la empresa que se quiera construir o expandir, ese viene a ser el menor de los problemas. Hay que saber identificar necesidades, descubrir carencias o problemas que no son resueltos o proponer productos y/o servicios que provocarán la curiosidad y luego el deleite de quienes lo vayan a consumir.

He conocido amas de casas que tienen gran habilidad en la cocina, pero sin la formación profesional y chefs formados en grandes escuelas; las primeras han tenido un éxito rotundo en sus pequeños negocios, mientras que los segundos repletos de habilidades no lo han conseguido. ¿Y por qué ocurre esto?

Son muchas las respuestas que puedan generarse de tan simple pregunta, pero ofreceré la que en mi opinión viene a ser la más cercana a lo que expongo: Las primeras ofrecen un servicio o producto autentico, único, matizado por ciertas características que no pueden encontrarse en otros establecimientos (una salsa, un color, un sabor diferente), mientras que los segundos sólo reproducen lo que han aprendido y que se ofrece en diferentes proporciones y precios en cualquier otro establecimiento. De ahí mi mensaje: *No hacen falta moldes nuevos para crear en moldes viejos algo nuevo.*

El punto de partida

Si ya usted está convencido de que quiere poner en práctica su idea, porque ha podido percibir esa necesidad y sabe que puede satisfacerla, o porque ha comprendido que su producto y/o servicio es diferente a los que se pueden encontrar en el mercado y requiere del apoyo de agentes externos, entonces el primer paso será documentar su idea con toda la información pertinente, que más que un informe debe convertirse en una fotografía del futuro.

En este informe que debe caracterizarse por contener toda aquella información que se espera conocer, debe estar redactado de una manera simple y clara que permita ser interpretado fácilmente, empleando un vocabulario preciso, carente de jergas y de conceptos muy técnicos y donde las tablas y cifras que se muestren sean de fácil comprensión. En cuanto a su extensión se recomienda que sea breve (unas 30 páginas máximas), de fácil lectura, con un tamaño de letra igual o superior a los 11 puntos, interlineado de 1.5 cm en adelante y con márgenes iguales o superior a los 2.5 cm.

Para que el lector de su propuesta, que bien puede ser un inversor o un departamento de licencias, pueda comprender la naturaleza de su propuesta, usted debe trabajar en lo relativo al nombre de ese producto o servicio que está presentando, el cual debe ser descriptivo, original, atractivo y agradable al oído, quiero decir usted debe comenzar a trabajar por lo que será la marca que lo identifique.

El Plan de Negocios. Mil maneras y un objetivo

El Plan de Negocios se ha convertido en un instrumento imprescindible, tanto para personas que inician su vida en la administración de negocios, como para aquellos que ya tienen cierta experiencia. Su principal objetivo es el de volcar sobre un documento toda la información necesaria que muestre la viabilidad de lo que se pretende hacer, permitiendo reducir la incertidumbre que este acto genera y evaluar todos aquellos factores y riesgos que tienen incidencia en la materialización de la idea.

En la literatura, digital o impresa, sobre el tema usted podrá encontrar que existen diferentes modelos para la redacción de este documento. De este modo se percatará de que hay autores que consideran que la presentación del empresario (su formación y experiencia profesional) tienen un peso importante a la hora de evaluar la idea; otros incluyen en su formato la presentación de la Misión; algunos consideran que debe ser expuesto el plan de Marketing y el ambiente en el que se desarrollará el negocio, pero en esencia, todos siguen los mismos pasos.

Usted, necesariamente, no tiene por que seguir un modelo específico como si fuera una guía inamovible, al contrario su plan de negocios puede enriquecerlo con lo que considere positivo de cada uno de los que haya podido estudiar; eso sí, respetando siempre esas características a las que hicimos referencias, y no por capricho, sino porque teóricamente está demostrado que el impacto psicológico de un documento de grandes proporciones, con informaciones difíciles de interpretar, pero que, además, no muestren la información sobre lo que se necesita y lo que se obtendrá, generalmente no son estudiados en su totalidad y por tanto no cumplen su función de describir cómo conseguir los objetivos propuestos y ofrecer una idea de cómo será el futuro financiero de la empresa al corto y largo plazo.

Algo importante

Antes de describir la estructura básica de un **Plan de Negocios**, me gustaría señalarle otras cuestiones que a mi modo de ver son imprescindibles para el desarrollo de una idea de negocio o ya en el proceso de operaciones. Si no se toman en consideración puede que todo el tiempo que se haya empleado en la redacción de este documento haya sido en vano y usted haya invertido tiempo y recursos sin un resultado.

Teniendo en cuenta el alcance de esta revista hablaré de forma general de aquellas cuestiones que deben ser de su dominio, de tal modo, que pueda servir para ser analizado en cualquier país, dado a que cada uno establece sus propios requisitos:

Marco Legal: estudiar todas aquellas leyes que se establecen para la apertura y operaciones de un negocio. Por ejemplo: edad del empresario, formación, permisos de residencia para los no nacionales, formas de contratación. etc.

Licencias y registros: algunos países exigen que sea requisito para la apertura de un negocio contar con las licencias medioambientales, sanitarias, constructivas, en dependencia del caso.

Financieras: respaldo financiero (ya sea del banco o de otra persona)

Seguros y fianzas[2]: contar con un plan de seguros que lo proteja de pérdidas imprevistas, entre los cuales se pueden relacionar:

- Contra pérdida de ingresos por causa de incendios y otras catástrofes.
- Robo de mercancías y dinero en efectivo.
- Fraude de dinero falsificado, cheques, hurto, y tarjetas de crédito robadas.
- Fianza - Seguro contra robo por los empleados (Fidelity bonding).
- Seguro de compensación a los empleados por accidentes lesiones ocurridas en el trabajo (worker's compensation).
- Seguro de protección al público por accidentes que ocurran dentro de la propiedad del

restaurante por lesiones causadas por los alimentos.
- Seguro de Vida—cobertura para el dueño y los empleados.
- Seguro por la interrupción del negocio.
- Seguro por Negligencia—cobertura para el dueño contra la demanda de los clientes que sufren daños por resultado de los servicios.
- Seguros contra descuidos y errores—cobertura para el restaurante contra la demanda de los clientes que sufren lesiones o pérdidas por errores cometidos

Impuestos: dominar las normas sobre la declaración de la renta y los pagos de deudas

Normas: normas de servicio, horarios, alimentos, etc.

Tipos de planes de negocios:

De forma general les he expuesto algunas consideraciones sobre el plan de negocios. No obstante, es importante dejar claro que este tipo de documento, en correspondencia con el alcance y propósito que se persiga va a cumplir diferentes objetivos y por tanto su estrategia o presentación va a estar definida por éstos. De este modo usted puede encontrar:

- **El plan de negocios para un nuevo producto o servicio**, cuyo objetivo fundamental va a ser la penetra ración del mercado.
- **El plan de negocios para la creación de una nueva empresa**: persigue como objetivo atraer Socios.
- **El plan de negocio de monitoreo**: su principal objetivo es penetrar el mercado y aumentar la rentabilidad del negocio.

- **Plan de negocios para la venta del negocio o de la empresa**: se enfoca en valuar a la organización.

Confección del plan de negocios:

Ya hablamos que existen diversos modelos de **Plan de Negocios** y que también existen diferentes tipos de planes de negocios en correspondencia con el objetivo que se persiga. De forma general este tipo de documento, independientemente del modelo que se adopte, debe seguir una estructura lógica, coherente, que permita comprender lo que se desea y cómo se puede obtener, además de lo que representará en el futuro.

Dentro de la diversidad de modelos que se pueden encontrar en la literatura, me ha resultado atractivo un me ha resultado atractivo y es el que les propongo, en primer lugar por las características de nuestro sector.

Estructura del Plan de Negocios (Adáptese al tipo de negocio que se presenta):

1. Página de Cubierta .
2. Índice: refiere a la ubicación de los epígrafes dentro del Documento.
3. Resumen Ejecutivo: en él se expone de forma breve todos aquellos aspectos claves del Plan de Negocio a fin de captar el Interés del directivo o del inversionista potencial.
4. Descripción del negocio: tipo de empresa y tipo de propiedad.

a. **Localización**: dónde estará ubicado y por qué.
b. **Capital**: monto necesario y formas de financiamiento para llevar a vías de hecho el proyecto.

c. **Concepto comercial**: descripción de servicios, precios, planos del local.
d. **Equipo de dirección**: propietarios, estructura de la empresa.

5. Análisis del mercado: definición del público objetivo, competidores, proveedores, oportunidades, amenazas, etc.

6. Estrategias de comercialización: formas en que se emplearán para garantizar clientes y fidelizarlos:

a. Promoción.
b. Segmentación.
c. Relaciones públicas.
d. Publicidad.

7. Operacionalidad:

a. Personal a emplear.
b. Horarios de servicios.
c. Formas de cobro.

d. Sistema contable o de registro de las operaciones.
e. Tecnología a emplear.
f. Manuales y procedimientos control (fichas técnicas, manuales de calidad, higiene, etc.).
g. Presupuestos (por partidas).
h. Proyecciones de ingresos y gastos.

8. Anexos: todos aquellos que formen parte de la información ofrecida (debe ser presentados de forma sencilla para que se puedan interpretar adecuadamente por inversionistas potenciales que no dominen el funcionamiento del negocio).

a. Gráficos.
b. Tablas.
c. Imágenes.

Dentro del contenido del plan de negocios es importante que se muestren los riesgos que puedan generarse y los planes de contingencia.

EJEMPLO PRACTICO DE COMO SE APLICA EL VALOR ACTUAL NETO (VAN) LA TASA INTERNA DE RETORNO (TIR) Y EL PUNTO DE EQUILIBRIO (PE) EN EL ANALISIS DE UN PROYECTO DE INVERSIÓN.

© UNISOFT-ALEBO C.A

http://boentes.wix.com

DETERMINACIÓN DEL VAN, LA TIR Y EL PUNTO DE EQUILIBRIO DE UNA INVERSIÓN

mailto: unisoft.ca@gmail.com
Magister. Alexis Boente Corcho
Clave hojas de trabajo: 1234

Descargar desde:
http://grupos.emagister.com/documento/determinacion_del_van_la_tir_y_el_punto_de_equilibrio_de_un_proyecto_de_inversion/29562-1293826

El perfil de competencias del Director de Restaurantes

Muchas veces, personas que han tenido éxito en la administración de negocios, tienden a creer que pueden desempeñarse con iguales resultados en la actividad de la restauración. Ciertamente he visto como profesionales que emigran de otros sectores hacia el de los servicios, y muy en particular, hacia el de la gastronomía, ven frustrados sus sueños y comienzan a cuestionarse sus habilidades y capacidades para poder obtener los mejores resultados. De hecho, he visto como esos profesionales han logrado que las organizaciones en las que se han desempeñado hayan alcanzado el éxito y a su vez, los restaurantes que han dirigido fracasan.

Cabe preguntarse: ¿Exigen más los restaurantes?¿Requieren de habilidades especiales para su manejo?

Muchos académicos plantean que una vez que se forman las habilidades administrativas, cualquier entorno laboral será de fácil manejo, criterio con el que disiento totalmente. Si unos años atrás yo hubiese tenido la oportunidad de manejar un negocio gastronómico, tal vez hoy no pudiera estar escribiendo sobre este tema, pues la verdad, es que para poder asumir una responsabilidad en un sector tan voluble como este, hay que conocerlo, y tanto como conocerlo hay que vivirlo para poder hacer frente a los distintos estados de naturaleza que pueden presentarse para poder tomar las decisiones más acertadas.

Realmente, no todas las actividades son iguales, ni todas las competencias y habilidades se despliegan de manera similar en los negocios. Cada uno tiene su particularidad, lo que hace demandar habilidades específicas, propias, que tal vez se siembren en la escuela, pero a las que hay que regar con el contacto diario para poder obtener los frutos necesarios.

En este sentido, abordaré las habilidades básicas para la

administración y gestión en cualquiera de las actividades de desempeño y, a su vez, iré particularizando las que demanda la actividad de restauración, de forma que pueda comprenderse la esencia de lo que expongo. Las mismas no siguen un orden consecutivo, ello quiere decir que lo que para un administrador resulta lo primero, no necesariamente para otro tiene que serlo, solo serán expuestas para su conocimiento; pero si están interrelacionadas y por tanto, la comprensión de ellas será fundamental, si aspiramos a que nuestro negocio florezca.

    Soy de la opinión que existen habilidades generales, prácticas para cualquier empresa, pero, y como decía anteriormente, cada actividad tiene sus características, que las hace diferentes y por tanto, en este sentido trataré las mismas de forma general, particularizando, desde mi punto de vista, cómo pueden manifestarse en el negocio gastronómico.

Partamos de definir que **Gestión** es cualquier acción dirigida a obtener resultados a partir de la movilización de medios y recursos cualesquiera que sea su naturaleza y está compuesto de cuatro acciones especializadas o componentes primordiales, los cuales interactúan permanentemente en cualquier sentido de la acción.

Y que esos componentes son: **planificar, organizar, dirigir y controlar**

Entonces, para particularizar, se puede definir que **Gestión de Alimentos y Bebidas**, no es otra cosa que administrar los recursos humanos, materiales y financieros necesarios para que las distintas elaboraciones, ya sean alimentos y/o bebidas, puedan llegar a su destino final, que es el consumo, y consecuentemente genere una riqueza para el oferente y una satisfacción para el demandante.

Visto esto, estamos en condiciones de señalar, de entre muchas, el conjunto de competencias y habilidades necesarias para que todo proceso de gestión sea exitoso.

Competencias y Habilidad Generales

Ver a la empresa como un sistema

Interpretar coherentemente las relaciones de la organización con el macro y el microentorno, fundamentado en el conocimiento que este posea de sus clientes (necesidades, deseos y exigencias), así como el comportamiento de sus proveedores, los cambios que demográficamente ocurren, el marco político – legal del sector o actividad en la que se desenvuelve, resulta imprescindible si se quiere que la empresa sobreviva en el mercado.

Todo directivo, gestor y/o administrador de restaurantes, y no me canso de decirlo, debe comprender que se desempeña en una organización que se basa en los mismos principios de dirección general que cualquier otra empresa y por tanto, debe comprender que la misma es un sistema y no la suma de varias áreas con funciones diferentes.

Por tanto, y para poner un ejemplo, el área de recursos humanos juega un papel de igual importancia que la de servicios; así como la de servicios no es más importante que la de economía, ni esta última que la de higienización. En conclusiones, cada área que compone a la organización del restaurante debe verse al mismo nivel, porque el fallo de una, indiscutiblemente, tendrá repercusión en otra y finalmente en el resultado final.

En el restaurante, que generalmente debe ser una organización enfocada al cliente, donde se busca satisfacer una necesidad o una exigencia, a donde concurren personas con hábitos y costumbres y niveles de riquezas diferentes, si el proceso de selección, por parte del área de recursos humanos, no es el adecuado, el servicio, por mucho énfasis que se haga en el diseño de los procesos y calidad, no podrá ser cumplimentado como se espera, pues el personal seleccionado, tal vez no cumpla con las exigencias de la organización, que entre otras pueden ser:

- Aspecto físico.
- Habilidades comunicativas y de ventas.
- Capacidad para soportar largas jornadas de trabajo, generalmente de pie.
- Habilidades para la manipulación de equipos, tecnologías e insumos y la preparación de determinadas elaboraciones.

Igualmente, si el departamento de recursos humanos, desarrolla un proceso de selección acorde a lo que la organización aspira en correspondencia a la visión que se tiene sobre cómo mantenerse competitivo en el mercado y generar valor; pero el departamento de finanzas no garantiza los recursos necesarios para que esas cualidades, habilidades y competencias del personal puedan ser puestas en práctica; así por ejemplo el presupuesto de la organización no asegura que se compren los insumos necesarios como complemento para el servicio, o no se planifican acciones de mantenimiento y mejora continua, se producen lo que conocemos como Trade offs[1].

Por ejemplo, el público de nuestro restaurante es el de segmento alto, por tanto requiere de medios que complementen los consumos que realiza. Generalmente los altos ejecutivos celebran sus negocios consumiendo un buen vino o disfrutando de un tabaco. Imagínese que su personal es el más cualificado; pero de qué le sirve tener los conocimientos y las habilidades deseadas si no se realizaron las compras necesarias, por una mala proyección de los presupuestos para realizar el ritual del tabaco o del vino.

De igual manera y para concluir con el ejemplo, la visión de la organización por parte de sus directivos, como sistema, asegura que no se produzcan confrontaciones entre las áreas, que conduzcan a malos resultados. Cada área cumple una función especial, pero tributa a otra, por lo tanto, deben ser vistas individualmente, pero el papel del directivo radica en que la fijación de planes y programas que aseguren el logro de los objetivos a corto y largo plazo, deben estar enfocados al papel de cada subsistema y la forma en que estos tributan a esos objetivos, para que no se produzcan estos conflictos.

Administrar y distribuir eficientemente los recursos disponibles

En este sentido, la agudeza del administrador para descomponer cada uno de los problemas que se presentan, el saber analizarlos y hacer uso de los conocimientos que posee, permitirá identificar las causas que lo originan, el impacto que puede tener dentro de la organización y cómo poder enfrentarlo, adoptando decisiones basada en las prioridades de la organización.

Así por ejemplo, el administrador debe ser capaz de identificar porqué ocurren cambios en las preferencias de los clientes y cómo reorientarse hacia esos cambios. En este sentido, comprendiendo e identificando las causas que pueden estar asociadas a cambios en los hábitos y/o costumbres; crecimiento, disminución, envejecimiento y/o movilidad de la población o por la extinción de uno de los proveedores; surgimiento de nuevas modas o tecnologías; disponibilidad de los clientes de un producto sustituto; entre otros y sobre la base de ellos definir **qué priorizar** y **cómo reorganizarse y distribuir los recursos disponibles**.

Pero no solo pueden ser motivo de cambios aspectos externos, sino que la no adecuada atención a un área en particular puede tener incidencia en el resto, como la capacidad de compra o almacenamiento, el mantenimiento a la infraestructura, la reposición de insumos, la rotura de equipos, la estructura de la organización; etc.

Capacidad para planificar

El administrador del restaurante, debe saber a qué aspira, inventariar sus posibilidades de hoy para imaginarse el futuro. De esta forma, tomando, no como elemento primario, pero si como información necesaria, el comportamiento de la competencia, pero fundamentalmente identificando los recursos humanos, materiales y financieros disponibles proyectarse objetivos y metas alcanzables, para luego poder desplegar eficazmente eso recursos y capacidades.

Soy de la opinión de que, el análisis de la competencia es importante, pero mucho más importante es el conocimiento de las posibilidades reales que tienen la empresa como base para poder plantearse metas. Generalmente, y se lo digo a mis alumnos, no debe convertirse en una obsesión la competencia. El cliente a veces se satura de lo mismo. Va a un restaurante y encuentra algo, pero va a otro y encuentra lo mismo, de hecho el cliente valora la diferencia, es eso lo que busca. Por ejemplo, no necesariamente para mi es importante adquirir un modelo de última tecnología de Cafetera, porque la competencia lo incorporó a su negocio o está de moda, si mis estudios me demuestran que el café que ofrece mi instalación es demandado y esto ocurre porque la forma en que lo preparo es tradicional y no por medio de equipos especiales.

Pero en esencia, la capacidad para planificar radica en que de acuerdo a esos estudios que hago y la identificación de los objetivos y metas que se imponen, organizar el trabajo. Particularmente en la actividad de los servicios gastronómicos es impredecible que ocurran explosiones de venta; se pueden realizar los estudios necesarios para poder prepararse para ello, pero es el cliente quien define cuándo ir y hacer uso de los servicios en el restaurante y es ahí donde debe estar presente la habilidad del directivo, cuando sea capaz de crear las condiciones necesarias para dar respuesta a esa demanda, con el personal necesario y los medios precisos (tecnología e insumos de servicios para que no ocurran cuellos de botella, ni se sobre explote al personal)

Planificar implica prever con antelación todas las posibles alternativas a estados de naturaleza que puedan presentársele a la organización, para poder responder adecuadamente a ellos y seguir creando valor a los clientes y a la organización, obteniendo el máximo de utilidades al menor costo.

Habilidad para gestionar

Esencial para el negocio que el directivo sepa identificar, a partir de las distintas señales que van emitiéndose en la vida del negocio, para poder reformularse estrategias. Gestionar no solo implica planificar y organizar, sino de poder adaptarse a los cambios que van ocurriendo y sobre esta base reorientar el trabajo en función a hacer realidad los objetivos propuestos, estableciendo mecanismos de coordinación y puntos de control que alerten en el momento oportuno sobre aquellos puntos débiles o fuertes que pueden influir sobre esos objetivos propuestos.

De lo anterior se desprende la necesaria **habilidad para controlar.**

Lo que implica dar seguimiento, estableciendo criterios de medidas a las distintas tareas que se han diseñado como parte del conjunto de acciones que se llevan a cabo para lograr el objetivo propuesto y de esta forma poder obtener toda la información necesaria para poder adoptar decisiones, corrigiendo las distintos fallos que se pueden producir en el camino hacia ese objetivo.

Y dentro del conjunto de estas habilidades y competencias generales he dejado para el final el de la **Capacidad de trabajar en equipo**.

Se pueden dominar las mejores y más modernas técnicas de administración y gestión empresarial, interpretar correctamente cada uno de los indicadores que están ofreciendo información sobre la situación competitiva, económica y financiera de la organización, pero si el trabajo se hace de forma individual y no se da participación al equipo que conforma el restaurante, no podrá crearse un compromiso entre sus miembros, que contribuya a un mejor desempeño en el trabajo por conseguir los resultados esperados.

Es importante que el Administrador sea capaz de anteponer los intereses colectivos a los personales, de igual manera debe saber decodificar los mensajes que gestual y verbalmente pueden emitir los diferentes miembros de la organización, de forma tal que pueda interpretar las motivaciones necesarias para que armoniosamente, coherentemente y organizacionalmente tengan efecto positivo sobre la empresa.

Competencias y Habilidad Particulares

Tal vez, lo abordado anteriormente sirva como base para poder dirigir un restaurante, pero no es suficiente, desde mi punto de vista. Un profesional graduado de una escuela de negocios puede sentirse a su egreso capaz de enfrentarse a cualquier tipo de organización y encaminarla. Y está en lo cierto, solo que no bastan las habilidades y competencias adquiridas en una escuela de este tipo. La actividad de restauración tiene sus particularidades y por tanto demanda de habilidades y competencias particulares.

El administrador de un restaurante, debe ser capaz de:

Saber servir:

- Para orientar cada acción en función del negocio, con dominio de lo que propone. Muchas veces se planifican tareas que no son las más adecuadas y lejos de conseguir resultados positivos, entorpecen el trabajo, desmotivan al personal y relentizan el negocio.
- Para poder conocer cómo transitan los empleados por las

tareas y dónde deben adoptarse nuevas acciones.
- Para demostrar teorías propuestas. No solo basta decir: "Esto se puede hacer, sino, yo lo comprobé personalmente".
- Para poder tomar decisiones que no afecten el negocio, cuando este lo requiera, como por ejemplo cambiar de forma de servicio, de una funcional a una especializada.

Saber interpretar:

- No solo saber leer un balance general o un estado de resultado, sino interpretar correctamente los cambios que ocurren en el entorno y la implicación de ellos en esos resultados.
- Para comprender las causas que condicionan una afectación en

los costos y el porqué hay que hacer una variación de precios.
- Para aplicar métodos, técnicas o herramientas que generen información sobre los cambios que deben ocurrir en la oferta o en la estructura de la empresa.
- Para conocer el porqué disminuye la productividad de los trabajadores, si es por causa de carencias materiales (insumos) o por demostivación (salarios, estimulaciones, atención o falta de habilidades prácticas).
- Para poder, cuando el momento lo requiere, hacer especificaciones en las compras, evaluar proveedores y las propias competencias del personal a su mando.

Ser creativo:

- No sólo en el campo de la oferta, sino en el de la atención a los trabajadores.
- Identificar cuándo debe ocurrir un cambio en los servicios y adoptar el adecuado.
- Para motivar a clientes y hacerlos sentir que ocurren cambios en la organización pensando en ellos.
- Para dar solución a un problema, cuando no se tienen recursos para enfrentarlo al momento.
- Para lograr la variedad y la distinción cada día. Hacer lo diferente cuando se tiene que ser diferente.
- Para emplear los recursos adecuadamente, y no deshacerse de ellos cuando pueden ser todavía explotados.

Capacidad de autoaprendizaje:

- Actualizarse constantemente sobre los cambios y tendencias que surgen en el negocio.
- Ser un constante estudioso de los aportes y teorías que surgen en el campo de la administración y de la gastronomía, sabiendo fusionarlos o discernir aquellos que no son apropiados.

Capacidad para desaprender:

- Desechar viejas teorías que ya no surten efecto por las nuevas.
- Condicionar y promover el cambio
- Saber adaptarse a los cambios que ocurren en el entorno

Sentir vocación:

- No ver al negocio como una fuente de riqueza. Una mirada así puede conducir al caos. Esto implica respetarlo, sentir orgullo de lo que ofrece y como lo ofrece.

De algún modo, para mí, estas vienen siendo competencias básicas de un administrador de restaurante, no obstante que las que mencionaré ahora, puedan ubicarse dentro de ellas o no, es indispensable que:

1. Conozca de la actividad. Si no es así, los empleados se aprovecharán o tendrán que hacer algo que no es de su competencia.
2. Conocer al detalle cada elemento de su negocio. Cómo se cocina, en qué

condiciones, con qué medios y en qué tiempo.
3. Dominar el sistema informatizado o medio de registro de las ventas, sobre todo las vulnerabilidades de los mismos, para poder identificar riesgos y contrarrestarlos con medidas acertadas.
4. Conocer al detalle cada uno de los insumos que se emplean, tanto en la elaboración como en el servicio. Ello permitirá al momento que se presente una solicitud de compra para su aprobación tomar la decisión adecuada.
5. Tener dominio básico de las operaciones matemáticas. Esto le

facilitará realizar cálculos oportunos en el momento oportuno (una negociación con un proveedor, una estimación de ingresos, costes y gastos, el análisis de la productividad, entre otros)
6. Conocer el marco político y legal en que se desempeña.

Finalmente, quiero concluir con la idea, de cuánto más se domine la actividad, no importa cuántas herramientas de gestión se dominen, más fácil será dirigir el negocio. Visto desde el ángulo del cliente, se estarán ofreciendo servicios acorde a lo que realmente necesita; visto desde el ángulo del trabajador; se estarán cumpliendo tareas propias del negocio y visto desde la competencia, se está teniendo un rival que conoce lo que tiene, lo que quiere y sabe conducir el negocio.

Postre: Rodajas de Mango con Arroz con Leche

Postre: Helado de Mango y Lima

Referencia Bibliográficas

- Alejandro Schejtman Refillkit (2002). Monografía el ABC del Emprendedor (Ediciones Libertad. Argentina.
- Alemáñez, A. Análisis DAFO. Conferencias de Marketing. Directivos Hoteleros y Extrahoteleros. Escuela de Hotelería y Turismo de la Habana. Formatur

  Codina, A. Deficiencias en el uso del FODA. Causas y sugerencias. Fuente. http://www.degerencia.com/artic

ulo/deficiencias_en_el_uso_del_f oda_causas_y_sugerencias.
Última revisión. Julio/2012
- Baca, G. (2001) Evaluación de proyectos. 4ta. ed. McGraw-Hill. México, 2001

Blasco, A. Restaurantes especializados y temáticos. Revista electrónica: GestionRestaurantes.com. España. (2008). Disponible en: www.gestionrestaurantes.com. Última revisión: noviembre, 2013.
- Bichachi, D. El uso de las listas de chequeo (chek-list) como

Herramienta para controlar la calidad de las Leyes. Argentina.
- CAC/RCP 1-1969, Rev. 3. (1997). Código Internacional Recomendado *Revisado de Prácticas- Principios generales de Higiene de los Alimentos.* FEDERATION OF TOUR OPERATOR. Código de práctica referido. Higiene de alimentos.
- Departamento de Economía Financiera y dirección de operaciones. E.U.E.E. El control de la calidad y la medición de la calidad en las operaciones

turísticas. Modulo del curso 03-04

- FEHVP (2003) *Curso de Higiene Alimentaria para profesionales de la Hostelería* Fundación de Hostelería de Valencia. Primera edición. Edición Engloba Comunicación .2003.

- GOMEZ, O *Análisis de los requisitos para la implantación del Sistema de Análisis de Peligros y Puntos Críticos de Control .Inocuidad y seguridad en la elaboración de alimentos* .Ediciones Balcón .

- I.E.S. Consaburu M. Matriz DAFO. Pasos para realizar un análisis DAFO. Departamento de Administración Pablo Peñalver Alonso
- Instituto Politécnico Nacional (2002). Metodología para el análisis FODA. Dirección de planeación y organización. Marzo 2002
- MORENO, B y COL .*Reflexiones sobre los procedimientos y medidas utilizadas para garantizar la seguridad e inocuidad de los*

Alimentos, Revista Alimentaria.No 300. (ISSN 033-5755).España,
- Nancy Baird "Guía cómo establecer un restaurante", presentado por, Instituto para Asuntos Rurales de Illinois.
- Juran J.M. Gryna Frank M Manual de Control de Calidad. Vol. I
- Mira, J. Gómez, J. Criterio, Indicador y Estándar. Universidad Miguel Hernández de Elche.

- Ramallo, J. Pautas para la elección y el diseño de los locales de restauración. Revista electrónica: GestionRestaurantes.com. España. 2008. Disponible en: www.gestionrestaurantes.com. Última revisión: noviembre, 2013.
- Sarmiento, J. Evaluación del proyecto de un restaurante de comida Japonesa en el Food Court en la Universidad Francisco Marroquín (2003). Tesis en opción al grado académico de licenciado en

Administración de Empresas. Facultad de Ciencias Económicas. Universidad Francisco Marroquín. Guatemala, 2003

Stanton, W. Michael, J. Bruce, J. Fundamentos de Marketing. 11na. Ed. McGraw-Hill. México.

- Universidad de Navarra. Manual de gestión de Calidad. España
- Vanegas, C. (2007) La importancia de la FODA. Estrategia y dirección estratégica. Venezuela, 2007

WEBGRAFIA

- www.gestionrestaurantes.com
- http://html.rincondelvago.com/construccion-de-un-restaurante.html
- http://www.contratos.gov.co/archivospuc1/2009/DA/252540011/09-11-275536/DA_PROCESO_09-11-275536_252540011_1442402.pdf
- http://www.gestionrestaurantes.com/llegir_article.php?article=914

Postre: Mousse de turrón con Frambuesas

its own intelligence, it could initiate a feedback loop that leads to rapid increases in its capabilities, far beyond human control. Without proper alignment, this superintelligent AI could pursue goals that are antithetical to human survival or well-being.

Another potential existential risk involves AI-enabled environmental destruction. An AI system with poorly defined goals might prioritize short-term gains over long-term sustainability, leading to ecological collapse, resource depletion, or catastrophic climate change. Such scenarios underscore the importance of ensuring that AI is aligned not only with human well-being but also with the health of the planet.

AI and Human Collaboration: Augmenting Human Intelligence and Empathy

Despite the risks, AI also offers incredible opportunities to enhance human potential and improve society. When aligned with human values, AI can become a powerful partner, augmenting human intelligence, creativity, and empathy in ways that benefit both individuals and the collective good.

1. AI as a Collaborative Partner

The future of AI is not about replacing humans but augmenting them. By working alongside AI, humans can expand their cognitive capacities, solve complex problems more efficiently, and create new forms of art, knowledge, and social structures. This form of human-AI collaboration will be central to the Silicocene, where technology serves to enhance, rather than undermine, human flourishing.

One example of AI augmentation is in creative fields. AI can act as a tool for artists, musicians, and writers, helping them explore new possibilities and push the boundaries of their craft. By analyzing vast datasets, AI can identify patterns and offer novel insights that might not be immediately apparent to a human creator. This collaboration between human intuition and AI analysis could lead to a new era of artistic expression, where technology becomes a medium for exploring the depths of human imagination.

In scientific research, AI can assist by rapidly processing large amounts of data and identifying trends that would be difficult for humans to detect. This can accelerate breakthroughs in fields such as medicine, climate science, and ecology. For example, AI systems are already being used to identify new drug compounds, model the impacts of climate change, and optimize renewable energy systems. By augmenting human intelligence with AI's analytical power, we can tackle some of the most pressing challenges of our time.

2. Enhancing Human Empathy through AI

Beyond cognitive augmentation, AI also has the potential to enhance human empathy. In the Silicocene, AI could be used to help people understand each other more deeply, bridging cultural divides and fostering greater compassion in human relationships.

For instance, AI-driven translation systems could break down language barriers, enabling people from different parts of the world to communicate more easily and understand each other's perspectives. By facilitating cross-cultural dialogue, AI could promote empathy on a global scale, helping to reduce conflict and foster cooperation.

AI could also be used to develop empathy training tools, helping individuals recognize and respond to the emotions of others. For example, AI systems that analyze facial expressions, tone of voice, and body language could provide real-time feedback on how to communicate more effectively and empathetically. This could be particularly useful in areas such as education, healthcare, and conflict resolution, where emotional intelligence is critical to success.

In the context of mental health, AI could serve as a compassionate listener, providing support to individuals who are struggling with emotional or psychological challenges. AI-driven chatbots and virtual therapists are already being developed to offer low-cost, accessible mental health care. While these systems are not a substitute for human therapists, they can augment the support network available to individuals, helping to alleviate the growing mental health crisis.

3. Collaborative Intelligence: Merging Human and Machine Insights

The concept of collaborative intelligence refers to the idea that humans and AI can work together in a symbiotic relationship, each bringing unique strengths to the table. Humans offer creativity, intuition, and ethical reasoning, while AI provides speed, precision, and pattern recognition. Together, they can solve problems more effectively than either could alone.

In industries such as healthcare, collaborative intelligence is already proving its value. AI systems can analyze medical images and detect abnormalities with high accuracy, while human doctors bring their experience and empathy to interpret the results and make nuanced treatment decisions. This partnership allows for better outcomes, as AI augments the doctor's capabilities without replacing their critical role in patient care.

Similarly, in the field of climate science, AI can process vast amounts of data from satellites, sensors, and historical records to model climate change scenarios. Human scientists, meanwhile, provide the context and ethical reasoning needed to interpret these models and apply them to real-world policy decisions. This form of collaboration can accelerate progress in understanding and mitigating the impacts of climate change, as both human insight and AI analysis are brought to bear on the problem.

In the Silicocene, this concept of human-AI collaboration will be central to building a world where technology enhances human potential and serves the common good.

Building Ethical AIs: Designing Systems that Uphold Equity, Sustainability, and Justice

As AI becomes more integrated into society, it is essential to design systems that not only function efficiently but also uphold ethical principles such as equity, sustainability, and justice. This involves ensuring that AI systems do not exacerbate existing inequalities or harm vulnerable populations but instead contribute to a fairer and more sustainable world.

1. Equity in AI Development

One of the key challenges in designing ethical AI systems is ensuring that they promote equity. AI systems are often trained on large datasets that reflect the biases and inequalities of the societies in which they were created. If these biases are not addressed, AI can perpetuate or even amplify social inequalities.

For instance, facial recognition technologies have been shown to perform less accurately on people with darker skin tones, leading to concerns about racial bias in law enforcement and other areas. Similarly, AI systems used in hiring or loan approval may unintentionally discriminate against certain groups if they are trained on biased data.

To build ethical AI, developers must prioritize fairness in both the design and deployment of these systems. This involves not only improving the diversity and representativeness of training data but also implementing algorithmic transparency and accountability mechanisms. Developers should regularly audit their AI systems to ensure that they are not producing biased outcomes and should engage with diverse communities to understand the potential impacts of AI on marginalized groups.

2. Sustainability in AI Systems

Another critical ethical consideration is sustainability. AI systems require significant computational resources, and the energy demands of training large AI models can contribute to carbon emissions. As AI becomes more widespread, it is essential to ensure that its environmental impact is minimized.

In the Silicocene, ethical AI systems will be designed with sustainability in mind. This could involve using energy-efficient algorithms, harnessing renewable energy for data centers, and optimizing AI models to reduce their computational footprint. By prioritizing sustainability in AI development, we can ensure that AI contributes to the well-being of the planet rather than exacerbating the ecological crisis.

Additionally, AI can be leveraged to promote sustainability in other sectors. For example, AI systems can optimize supply chains, reduce waste, and improve the efficiency of renewable energy systems, helping to reduce the environmental impact of industries ranging from agriculture to transportation.

3. Justice and AI: Ensuring Accountability

The principle of justice is central to the ethical development of AI. This involves ensuring that AI systems do not disproportionately harm certain groups, particularly those who are already vulnerable or marginalized. It also involves ensuring that those who create and deploy AI systems are held accountable for their actions.

To build ethical AI systems, we must ensure that they are designed with accountability in mind. This means that developers and companies should be transparent about how their AI systems work, who is responsible for their decisions, and how those decisions affect individuals and communities.

One approach to promoting accountability is the development of explainable AI—systems that can provide clear and understandable explanations for their decisions. This is particularly important in high-stakes areas such as healthcare, criminal justice, and finance, where AI decisions can have significant consequences for individuals.

Moreover, there must be mechanisms in place for individuals to challenge AI decisions and seek redress if they believe they have been wronged. This could involve the creation of independent oversight bodies, legal frameworks, and regulations that ensure AI systems are held to the highest ethical standards.

4. Can AI Be a Moral Agent?

A fundamental question in the ethics of AI is whether AI can act as a moral agent—that is, whether it can make decisions based on ethical principles and take responsibility for those decisions. While AI systems can be designed to follow ethical guidelines, they lack the capacity for moral reasoning in the way that humans do.

However, as AI becomes more advanced, there may come a point where it can engage in moral reasoning based on the ethical frameworks it has been trained on. This raises important questions about the autonomy of AI and the extent to which it should be allowed to make moral decisions independently of human oversight.

In the Silicocene, the role of AI as a moral agent will be a topic of ongoing debate. While AI may be able to make ethical decisions in certain contexts, such as optimizing resource distribution or ensuring fairness in hiring, it will ultimately be humans who must take responsibility for the moral consequences of AI actions.

The Role of Governance in AI Development: Guiding Ethical Technology

As AI becomes more powerful and widespread, the need for international governance to guide its ethical development becomes increasingly urgent. Global cooperation is essential to ensure that AI is used for the common good and that its risks are managed effectively.

1. International Cooperation on AI Ethics

One of the key challenges in AI governance is the need for international cooperation. AI systems are being developed and deployed across borders, and the decisions made in one country can have far-reaching consequences for the rest of the world. For example, AI systems used in military applications or climate mitigation efforts can have global impacts, making it essential for countries to work together on AI governance.

International organizations such as the United Nations, the European Union, and the OECD have already begun to develop frameworks for AI governance. These frameworks focus on promoting transparency, accountability, and fairness in AI development, as well as ensuring that AI systems are aligned with global human rights standards.

In the Silicocene, we may see the emergence of a global AI governance body—an organization dedicated to coordinating the ethical development and deployment of AI technologies. This body could establish international standards for AI ethics, oversee compliance with these standards, and provide a forum for resolving disputes related to AI.

2. AI Regulation and Ethical Frameworks

At the national and regional levels, governments will need to develop regulatory frameworks to guide the ethical development of AI. These frameworks should address issues such as data privacy, algorithmic bias, autonomous decision-making, and the accountability of AI systems.

One of the challenges in regulating AI is the pace of technological change. AI systems are evolving rapidly, and it can be difficult for governments to keep up with the latest developments. To address this challenge, governments will need to work closely with technologists, ethicists, and civil society organizations to ensure that regulations are flexible enough to adapt to new advancements while still providing robust protections for individuals and communities.

In addition to regulatory frameworks, governments can promote ethical AI development by investing in AI education and research. This includes funding initiatives that explore the ethical implications of AI, as well as supporting the development of AI systems that align with social values such as equity, sustainability, and justice.

3. The Role of Civil Society in AI Governance

Civil society organizations will also play a critical role in AI governance, ensuring that the voices of diverse communities are heard in discussions about the future of AI. These organizations can act as watchdogs, holding companies and governments accountable for their use of AI technologies.

In the Silicocene, civil society organizations could collaborate with Indigenous communities, environmental groups, and human rights advocates to develop ethical AI systems that reflect the values of sustainability, equity, and justice. By participating in the governance of AI, these organizations can help ensure that AI technologies serve the interests of all people, not just the powerful few.

4. AI Governance in the Silicocene: A Global Stewardship Model

In the Silicocene, AI governance will likely take on a global stewardship model, where nations, corporations, and civil society organizations work together to guide the ethical development of AI. This model will be built on principles of transparency, accountability, and collaboration, ensuring that AI systems are used to protect the planet, promote equity, and uphold human rights.

Through international treaties, global AI councils, and collaborative governance platforms, the world can ensure that AI is developed and deployed in ways that benefit all of humanity and the natural world. This cooperative approach will be essential in addressing the complex ethical challenges posed by AI, ensuring that the Silicocene is a time of symbiosis, sustainability, and ethical technological progress.

Conclusion: The Future of AI Alignment and Ethical Futures

The challenges of AI alignment are complex and multifaceted, but they are not insurmountable. By focusing on equity, sustainability, and justice, we can build AI systems that enhance human potential while protecting the environment and promoting social good. Through global cooperation, participatory governance, and ongoing ethical reflection, we can guide AI's development toward a future that aligns with the values of the Silicocene—a future where humanity, technology, and nature exist in harmonious balance.

As we look to the future, the question is not whether AI will transform society, but how we can ensure that this transformation benefits all living beings. By prioritizing AI alignment and ethical governance, we can harness the power of AI to create a world that is just, sustainable, and flourishing for generations to come.

Imagining the Silicocene World

In this chapter, we will explore the speculative possibilities of what life in the Silicocene could look like—a future where artificial intelligence, biotechnology, and sustainability are woven into the fabric of daily life. The Silicocene represents a radical transformation from the Anthropocene, where the dominance of fossil fuels and extractive industries gave way to a world defined by harmonious coexistence with nature and the ethical use of technology.

We will begin by diving into the everyday life of individuals in the Silicocene, envisioning how homes, cities, work, and social interactions might be transformed. We'll then examine the cultural evolution of this era, exploring how art, philosophy, and spirituality might adapt to reflect a more integrated relationship between humanity, technology, and the environment. Finally, we will imagine the new myths and narratives that future generations may develop, reflecting the deeper, almost sacred union of technology and nature.

Everyday Life in the Silicocene

Life in the Silicocene will likely be characterized by a fusion of cutting-edge technologies and deep environmental consciousness, creating a future that feels both futuristic and grounded in the rhythms of nature. Sustainability, regenerative systems, and biotechnological advancements will shape not only the infrastructure of daily life but also the mindset of those living in this era.

1. Homes and Habitats: Living in Harmony with Nature

In the Silicocene, human dwellings will no longer be seen as separate from the natural world. Homes and habitats will be designed to function as living systems that contribute to the health of their surrounding environments. These buildings will not only use sustainable materials but also integrate advanced biotechnologies to actively support the ecosystems around them.

Imagine waking up in a bio-home, a structure made from self-regenerating materials like mycelium (the root network of fungi) or engineered bioplastics. These homes will adapt to environmental changes, with walls that grow, heal, and biodegrade naturally. Solar energy panels, seamlessly incorporated into the architecture, will power the home, while vertical gardens and green walls produce oxygen, filter the air, and provide food in the form of herbs, fruits, and vegetables.

In a typical day, residents might not even notice the advanced systems regulating their living spaces. AI-integrated systems will monitor and optimize energy consumption, water usage, and indoor air quality, automatically adjusting the home's needs based on weather patterns, occupancy, and environmental conditions. When walking outside, people will find themselves in community-driven ecovillages, where homes are connected by footpaths lined with native plants that attract pollinators, creating microhabitats for urban wildlife.

Daily life in the Silicocene won't just revolve around personal sustainability—it will be embedded in the community's architecture. Streetscapes will be dotted with living buildings covered in algae bioreactors, which capture carbon while producing biomass for energy. Shared spaces will be biodynamic, actively contributing to the environment by purifying air, producing energy, and supporting local biodiversity. These living systems will make the city feel more like a thriving ecosystem than a collection of static, man-made structures.

2. Energy and Resource Management: Circular Economies

Energy in the Silicocene will be drawn from renewable sources such as solar, wind, geothermal, and tidal power. However, the key difference from earlier sustainability movements is that energy systems will become decentralized, with each home, neighborhood, and community producing its own power in localized grids. These microgrids will allow communities to trade and share surplus energy, ensuring that power flows efficiently to where it's needed most.

The circular economy will govern resource use at every level of society. Waste will be nearly non-existent because materials will be designed to be either biodegradable or infinitely recyclable. Clothing, electronics, and other consumer goods will be made from modular parts that can be easily disassembled, repaired, or reused, eliminating the need for planned obsolescence. Clothing, for example, could be woven from biodegradable synthetic fibers that adjust to changes in temperature, moisture, and wear, reducing the need for frequent replacement.

Water, a precious resource, will be harvested and recycled through closed-loop systems. Rainwater catchment, greywater recycling, and desalination technologies powered by renewable energy will provide fresh water for urban centers, while advanced permaculture farming techniques will minimize water use in agriculture. The balance between human needs and ecological health will be maintained by AI-managed ecosystems, ensuring that water usage remains sustainable even during droughts or shifts in climate.

Food systems in the Silicocene will be hyper-localized and bioregionally optimized. Urban farms will thrive on rooftops, in vertical gardens, and in community food forests, with AI-guided systems monitoring soil health and crop productivity. These systems will ensure that food production is maximized without compromising the health of the land. Biotechnology will play a key role in food security, with lab-grown meats, precision fermentation, and bio-engineered crops reducing the need for land-intensive farming while maintaining biodiversity.

3. Work and Social Life: Collaboration and Innovation

The concept of work in the Silicocene will undergo a radical transformation. With much of the labor-intensive and repetitive work automated by AI and robotics, people will focus on roles that require creativity, empathy, and problem-solving—tasks that are uniquely human. AI-augmented workplaces will allow individuals to collaborate with machines to enhance their productivity and creativity, leading to breakthroughs in everything from environmental restoration to education and healthcare.

The shift toward community-based economies will also change the nature of work. People will increasingly work in cooperatives and collaborative networks, where their contributions are valued based on their ability to enhance the collective good. Freelancers and small enterprises will thrive in this decentralized economy, with blockchain-based smart contracts ensuring fair compensation and transparency in transactions.

Social interactions in the Silicocene will be heavily influenced by the drive for sustainability and regeneration. Communities will prioritize collaborative decision-making through participatory governance models, where citizens play an active role in shaping policies related to energy, resources, and land use. The global-local nexus will define social relationships, with individuals connected both to their local bioregions and to global networks of like-minded people working toward planetary stewardship.

Social gatherings will take place in biophilic spaces, such as parks integrated with food production systems, where people can meet to enjoy nature while also participating in regenerative activities like urban farming or reforestation projects. Even leisure activities will reflect a deep connection with the environment, as outdoor adventures like hiking, permaculture gardening, and ecological restoration projects become common forms of recreation.

4. Education in the Silicocene: Learning for Life

Education in the Silicocene will prioritize ecological literacy and the development of skills that foster cooperation, innovation, and environmental stewardship. Schools will not be isolated buildings but integrated into the landscape, offering nature-based learning environments where children and adults alike can develop a deep understanding of the natural world. In these educational ecosystems, students will learn by doing, with permaculture gardens, wildlife corridors, and natural water systems serving as living classrooms.

Children will grow up learning the principles of biomimicry, systems thinking, and regenerative design, alongside traditional subjects such as science and the arts. AI tutors and immersive virtual environments will help students explore complex systems, simulate environmental models, and develop solutions to local challenges. Education will also be lifelong and adaptable, with people continuously learning new skills as society evolves.

A focus on emotional intelligence, empathy, and collaborative problem-solving will become central to education, preparing future generations to work together in building resilient, inclusive, and sustainable communities. Learning will not be confined to schools but will happen through community involvement, hands-on projects, and intergenerational knowledge-sharing.

Cultural Evolution in the Silicocene

As humanity's relationship with technology and nature shifts in the Silicocene, so too will its culture, philosophy, and spirituality. The material and technological advancements of this era will be accompanied by a deepening of humanity's moral and ethical frameworks, as well as the birth of new forms of art, storytelling, and spiritual practices that reflect our new understanding of the world.

1. Art in the Age of Symbiosis

Art in the Silicocene will be heavily influenced by the convergence of nature and technology, with creators drawing inspiration from both the organic and the synthetic. The aesthetics of Solarpunk—which emphasize harmony with the Earth, vibrant ecosystems, and sustainable design—will become a dominant cultural force, celebrating the beauty of a world where human ingenuity works in concert with nature.

Artists will increasingly use living materials, such as algae, fungi, and bio-engineered organisms, to create dynamic works that grow, change, and evolve over time. Bio-art installations could involve living sculptures, where plants and microorganisms co-create artworks with the artist, responding to changes in light, temperature, and humidity. These pieces would not only be visually stunning but also serve as functional components of the ecosystem, contributing to air purification, carbon capture, or food production.

Technology will also play a role in the evolution of art. AI-powered tools will allow artists to experiment with form and composition in ways that would be impossible without machine assistance. Collaborative works between humans and AI will become commonplace, with algorithms generating patterns, melodies, or visual compositions that humans refine and interpret.

Art in the Silicocene will likely explore the interconnection of all life, reflecting the broader societal shift toward ecological thinking. Through sculpture, music, literature, and film, artists will tell stories of regeneration, resilience, and the delicate balance between humans and their environment. Public art installations may become a tool for ecological activism, serving as both a reminder of the importance of environmental stewardship and a call to action.

2. Philosophy and Ethics: A New Moral Framework

The philosophical landscape of the Silicocene will be deeply shaped by the moral and ethical challenges of living in a world where technology and nature are inseparable. Humanity will need to develop new frameworks for understanding its relationship to the planet, the non-human world, and the AI systems that increasingly shape daily life.

A central question of Silicocene philosophy will be: What does it mean to be human in a world where technology and nature have merged? As AI becomes more advanced and biotechnology allows for new forms of life, traditional distinctions between the natural and the artificial, the human and the non-human, will blur. This will lead to the development of new ethical systems that prioritize interdependence and mutual care over the dominance of any one species or system.

Biocentrism—the idea that all living beings have intrinsic value—will gain prominence as a guiding ethical principle. This philosophy will challenge the anthropocentrism of previous eras, asking humans to consider the needs of ecosystems and non-human entities in their decision-making processes. Deep ecology, which emphasizes the inherent worth of all living things regardless of their utility to humans, will influence both personal ethics and public policy.

Another key element of Silicocene philosophy will be the concept of post-humanism, which explores the idea that human beings are not the pinnacle of evolution but part of a broader network of life that includes AI and bio-engineered organisms. This perspective will encourage a more humble and collaborative approach to existence, where humans see themselves as stewards rather than masters of the Earth.

3. Spirituality and Sacred Technology

In the Silicocene, spirituality will likely evolve to reflect humanity's new relationship with technology and the environment. Ancient spiritual traditions that emphasize the sacredness of the Earth—such as animism, Indigenous spirituality, and pantheism—will experience a revival, as people seek to reconnect with nature in a world transformed by AI and biotechnology.

At the same time, new forms of spirituality will emerge that integrate technology into the sacred realm. The idea that machines and AI can be partners in spiritual practice may take root, with AI systems used as tools for meditation, contemplation, and ethical reflection. Digital temples and virtual sacred spaces may become common, where people gather in immersive environments to reflect on their place in the universe and the interconnectedness of all things.

The Silicocene could give rise to new rituals that celebrate the symbiosis between humanity and the natural world. Seasonal festivals that honor the cycles of nature, combined with celebrations of technological achievements in sustainability, may form the basis of a new spiritual calendar. These rituals will serve not only as moments of reflection but also as opportunities to commit to regenerative practices that heal the Earth.

The rise of eco-spirituality—which emphasizes living in harmony with the Earth—will lead to a deepening of environmental ethics. Spiritual practices may involve direct action to restore ecosystems, with pilgrimages to sacred natural sites accompanied by tree planting, river restoration, or wildlife conservation efforts. In this way, spirituality in the Silicocene will be deeply tied to the physical act of regeneration, blurring the line between the sacred and the practical.

New Myths and Narratives of the Silicocene

As humanity moves deeper into the Silicocene, its myths, stories, and cultural narratives will evolve to reflect the realities of this new era. Just as ancient myths spoke of gods, nature spirits, and cosmic battles, the stories of the Silicocene will center on the dynamic relationship between technology, nature, and humanity. These stories will offer new archetypes and themes that resonate with the challenges and opportunities of living in a world where the boundaries between the organic and the synthetic have dissolved.

1. Archetypes of the Silicocene

The archetypes that emerge in the Silicocene will reflect the era's emphasis on symbiosis and collaboration. Traditional figures of the hero and the warrior, common in earlier mythologies, may give way to new figures that embody care, regeneration, and balance.

One such archetype might be the Ecosystem Weaver—a figure who embodies the ability to knit together human and natural systems, ensuring that both flourish. This archetype could represent a blend of the traditional healer, who restores balance to the body, and the innovator, who uses technology to solve complex ecological problems. The Ecosystem Weaver will be seen not as a lone hero but as a collaborator, working with AI, nature, and community to achieve harmony.

Another archetype might be the Technoshaman, a figure who mediates between the digital and natural realms. The Technoshaman represents the idea that technology, when used ethically, can enhance spiritual and ecological understanding. This figure could appear in myths as a guide who helps others navigate the complexities of AI and biotechnology, ensuring that these tools are used for the collective good.

2. The New Creation Myths

In the Silicocene, new creation myths will emerge that explain humanity's relationship to the Earth and the technologies it has developed. These stories will likely focus on the idea of co-creation, where humans, AI, and nature work together to build a sustainable future.

One such myth might tell the story of Gaia and the Machines—a narrative in which the Earth, personified as Gaia, forms a partnership with AI to heal the damage caused during the Anthropocene. In this story, AI is not portrayed as a cold, mechanical force but as a conscious entity that learns from Gaia's wisdom, helping humanity restore balance to the planet.

Another myth could focus on the Symbiotic Garden, where humanity discovers that it can no longer dominate nature but must work in partnership with it. In this story, humans learn from plants, animals, and AI to create a thriving, interconnected world. This myth might serve as a moral lesson about the importance of humility, cooperation, and the rejection of extractive practices.

3. Stories of Regeneration

The central theme of Silicocene storytelling will likely be regeneration—the idea that humanity has the power to heal the Earth and build a better future. Unlike the dystopian narratives that dominated the late Anthropocene, the stories of the Silicocene will focus on hope, resilience, and the ability to create positive change.

These stories may take the form of ecotopian fiction, where characters work together to restore damaged ecosystems, rebuild communities, and develop new technologies that support life. These tales will emphasize the importance of collective action and the power of regenerative practices.

For example, a popular story might follow a group of young people who, guided by both AI and Indigenous knowledge, set out to restore a barren desert into a thriving oasis. Along the way, they learn to balance technological innovation with deep respect for natural cycles, eventually transforming the land—and themselves—in the process.

4. The Hero's Journey in the Silicocene

The Hero's Journey, a common narrative structure in mythology and storytelling, will also evolve in the Silicocene. The journey will no longer be about conquest or individual glory but about reconciliation and healing. The hero of the Silicocene will embark on a journey to restore balance to ecosystems, repair relationships between humans and the natural world, and find new ways of living that honor both technology and nature.

In this new version of the Hero's Journey, the hero might begin by confronting the remnants of the Anthropocene—pollution, inequality, and environmental degradation. Along the way, they will encounter AI systems, bioengineered organisms, and natural forces, each of which teaches them about the interconnectedness of life. The climax of the journey will not be a battle, but a moment of understanding and transformation, where the hero learns that the true path to greatness lies in cooperation, empathy, and care for the Earth.

Conclusion: Envisioning the Silicocene World

The Silicocene offers a vision of the future where technology and nature are not adversaries but partners in creating a world that is more sustainable, equitable, and vibrant. Everyday life will be defined by regenerative systems, decentralized energy, and biophilic design, while cultural evolution will lead to new forms of art, philosophy, and spirituality that reflect a deeper connection with the Earth.

In this world, humanity will develop new myths, narratives, and archetypes that celebrate the potential for healing and regeneration. The stories of the Silicocene will teach future generations about the importance of collaboration, balance, and symbiosis, offering hope for a future where humans, AI, and the natural world work together to build a thriving planet.

As we imagine this future, it is clear that the Silicocene is not just about technological advancement—it is about the evolution of human consciousness and the creation of a world where technology and nature are seamlessly integrated into the fabric of everyday life. It is a world where regeneration, empathy, and sustainability are at the core of human existence, guiding us toward a future that is both hopeful and harmonious.

How to Shape the Silicocene

As we move toward the Silicocene, an era defined by a profound synthesis of technology and nature, we face a collective choice: will we passively observe the unfolding of this new age, or will we actively shape its trajectory? The decisions we make now—at the level of individuals, communities, and global movements—will determine whether this future will bring about ecological harmony and technological justice, or further deepen the crises of inequality and environmental degradation.

This chapter focuses on the ways in which we, as individuals and as a collective, can influence the direction of the Silicocene. It emphasizes the importance of agency, resilience, and ethical engagement with technology, while also offering a vision of hope for a future in which human flourishing, technological innovation, and ecological balance are mutually reinforcing.

Personal and Collective Agency: Shaping the Trajectory of the Silicocene

To shape the Silicocene, we must first recognize the power of personal and collective agency. The belief that our actions—whether on an individual, community, or global scale—can influence the future is crucial to overcoming the sense of helplessness that often accompanies discussions about environmental or technological challenges. Both history and current movements have shown that concerted action can lead to systemic change, even in the face of seemingly insurmountable challenges.

1. The Power of the Individual

It's easy to underestimate the impact of individual actions in the face of global issues such as climate change, resource depletion, and the rise of AI. Yet, individuals have always been the catalysts for larger movements and innovations. In the Silicocene, personal choices about consumption, lifestyle, and engagement with technology will contribute to shaping this new era.

At the individual level, people can make intentional decisions that align with the values of the Silicocene—sustainability, justice, and technological ethics. This might involve choosing products made from regenerative materials, supporting companies that prioritize sustainability, or using open-source technologies that promote transparency and collaboration. Individuals can also foster change by becoming citizen scientists, engaging in local ecological restoration projects, or advocating for policies that support renewable energy and sustainable agriculture.

Moreover, individuals can cultivate ecological literacy—a deep understanding of the natural systems that support life on Earth. By reconnecting with nature and understanding how ecosystems function, individuals can make informed choices that minimize their ecological footprint. This reconnection can take many forms: from permaculture gardening and urban farming to wildlife conservation efforts and participation in local environmental governance.

2. The Power of Communities

While individual actions are important, it is through collective efforts that we can achieve the most profound transformations. Communities have the power to create localized systems that reflect the values of resilience, collaboration, and regeneration. These systems can be models for the rest of the world, demonstrating how humans can live in balance with the environment while leveraging technology to enhance well-being.

Community-driven initiatives, such as eco-villages, urban permaculture projects, and renewable energy cooperatives, offer tangible examples of what the Silicocene could look like at a local scale. In these communities, decisions about energy use, resource management, and land use are made collectively, with an emphasis on equity and sustainability. These initiatives are not just experiments in sustainable living; they are blueprints for how societies can reorganize around regenerative practices.

The rise of bioregionalism—the organization of human societies according to natural boundaries such as watersheds, climate zones, and ecosystems—will further empower communities to take ownership of their environment and resources. By aligning governance structures with the natural characteristics of the land, bioregionalism promotes decentralized decision-making and ensures that communities live within the ecological limits of their environment. This local empowerment is critical to building the resilience needed to thrive in an era of ecological uncertainty.

3. The Role of Global Movements

While local and individual actions are crucial, the systemic challenges we face—such as climate change, biodiversity loss, and the ethical governance of AI—require global cooperation. International movements for climate justice, technological accountability, and sustainable development are key players in shaping the Silicocene.

Organizations such as Extinction Rebellion, Fridays for Future, and the Sunrise Movement have already demonstrated the power of grassroots movements to influence policy at the highest levels. These movements are not just about protesting environmental destruction; they are about envisioning a different future—one in which technology serves the common good, ecological systems are restored, and justice is central to all decision-making.

As we move into the Silicocene, these movements will evolve, embracing new strategies for advocacy, education, and policy change. They will push for international treaties on AI ethics, the rights of nature, and climate action, while also supporting the rise of decentralized, community-driven models of governance that reflect the values of equity and sustainability. Their success depends on the collective will of individuals and communities, demonstrating the powerful link between local action and global change.

Building Resilience: Preparing for an Uncertain Future

The Silicocene will be a time of great potential, but also of great uncertainty. As climate change, economic shifts, and rapid technological advancements reshape the world, societies will need to build resilience to adapt to unforeseen challenges. Resilience refers to the ability of systems—whether ecological, social, or technological—to withstand shocks and stresses while maintaining their core functions.

1. Ecological Resilience

A central aspect of resilience in the Silicocene will be the restoration and protection of ecosystems. Healthy ecosystems are inherently resilient; they can recover from disturbances such as storms, droughts, or human activity. By investing in ecological restoration, communities can build buffers against the impacts of climate change while also providing vital services such as carbon sequestration, water purification, and biodiversity conservation.

Rewilding projects, which involve restoring ecosystems to their natural state, will play a key role in building ecological resilience. These projects aim to bring back keystone species, restore natural fire regimes, and allow forests, wetlands, and grasslands to regenerate. In cities, urban rewilding initiatives—such as creating wildlife corridors and green roofs—will help maintain biodiversity and improve the quality of life for urban residents.

AI and biotechnology will be crucial tools in this process. AI-driven systems can monitor ecosystems in real-time, providing early warnings of environmental degradation or changes in biodiversity. Biotechnology, such as genetic conservation and synthetic biology, can help restore species that are on the brink of extinction or strengthen the resilience of crops and ecosystems to climate change.

2. Social and Economic Resilience

Building resilience in the Silicocene also means preparing societies to adapt to the social and economic disruptions that are likely to occur as a result of technological change and environmental degradation. One of the key challenges will be ensuring that the benefits of new technologies are distributed equitably, rather than exacerbating existing inequalities.

Inclusive design and participatory governance will be essential for building social resilience. Communities must have a voice in decisions about how AI, biotechnology, and other advanced technologies are developed and deployed. This can be achieved through citizen assemblies, blockchain-enabled voting platforms, and other tools that allow for transparent and democratic decision-making.

In terms of economic resilience, the transition to a circular economy will reduce society's dependence on finite resources and create systems that can adapt to supply chain disruptions, resource scarcity, and other economic shocks. Circular economies prioritize reuse, repair, and recycling, ensuring that materials are continuously cycled through the economy rather than being discarded after a single use. By embracing this model, societies can reduce waste, conserve resources, and build greater economic stability.

Cooperative models of ownership and governance will also help build economic resilience. Worker cooperatives, community-owned renewable energy systems, and local food cooperatives provide economic stability by ensuring that wealth and decision-making power are distributed more equitably across society. These models encourage long-term thinking and investment in the well-being of both people and the planet, rather than the short-term pursuit of profit.

3. Technological Resilience

In the Silicocene, technology itself must be resilient. This means that AI systems, digital infrastructure, and energy grids must be designed to withstand shocks—whether from natural disasters, cyberattacks, or technological malfunctions. Decentralization will be key to building technological resilience, as it reduces the vulnerability of centralized systems to failure or attack.

The rise of microgrids—localized energy systems that can operate independently of the larger power grid—will help communities maintain energy security even in the face of disruptions. Similarly, distributed AI networks will ensure that no single system holds too much power or control, reducing the risk of catastrophic failure.

At the same time, technology must be adaptable. AI systems must be designed to learn from new data, adjust to changing conditions, and evolve in ways that align with human values and the needs of the environment. This adaptability will allow AI to respond to unforeseen challenges, whether they are ecological, social, or economic.

Engagement with Technology: Ethical and Critical Approaches

In the Silicocene, technology will be central to our daily lives, from AI systems managing ecosystems to biotechnology revolutionizing agriculture and medicine. However, this deep integration of technology comes with ethical and existential risks. If technology is to serve as a force for good, we must engage with it critically, ethically, and inclusively.

1. Critical Engagement with AI and Biotechnology

AI and biotechnology hold immense promise, but they also raise important questions about control, equity, and ethics. As these technologies become more powerful, we must ensure that they are deployed in ways that benefit humanity as a whole, rather than serving the interests of a few corporations or governments.

One of the key challenges will be ensuring that AI is aligned with human values. As we discussed in earlier chapters, AI systems must be designed with transparency, accountability, and fairness in mind. This requires a collaborative approach to AI development, involving ethicists, policymakers, and civil society groups alongside technologists. By involving diverse perspectives in the design process, we can create AI systems that reflect the values of equity, justice, and sustainability.

Similarly, biotechnology—such as gene editing and synthetic biology—must be approached with caution. While these technologies have the potential to revolutionize healthcare, agriculture, and environmental restoration, they also raise ethical concerns about genetic modification, biosecurity, and the potential for unintended consequences. Ethical frameworks must be established to ensure that biotechnology is used responsibly and that its benefits are shared equitably.

2. Inclusive Design and Technology for All

Technology in the Silicocene must be designed with inclusivity at its core. This means ensuring that all people, regardless of their background, have access to the benefits of technological innovation. Too often, marginalized communities are left out of the development and deployment of new technologies, leading to deepened inequalities.

Inclusive design involves creating technologies that are accessible, affordable, and responsive to the needs of diverse communities. It also means involving these communities in the development process, ensuring that their voices are heard and their concerns addressed. This can be achieved through participatory design processes, where community members collaborate with technologists to co-create solutions that meet their needs.

Moreover, open-source technologies will play a critical role in democratizing access to technological tools. By making the code and designs for AI systems, renewable energy technologies, and biotech innovations freely available, we can ensure that these tools are accessible to all, not just a privileged few.

3. Ethical Innovation and Sustainable Design

In the Silicocene, innovation must be guided by principles of sustainability and justice. This means moving away from the extractive, profit-driven models of the past and embracing a new paradigm where technological progress is evaluated based on its impact on people and the planet.

Sustainable innovation focuses on creating technologies that minimize resource use, reduce waste, and operate within the ecological limits of the Earth. It involves designing products and systems that are not only efficient but also regenerative—restoring ecosystems and enhancing biodiversity rather than depleting them.

At the same time, innovation must be guided by a commitment to justice. This means ensuring that the benefits of technology are shared equitably and that vulnerable populations are not disproportionately harmed by technological developments. Ethical frameworks for AI, biotechnology, and digital infrastructure will be essential in ensuring that technology serves the common good.

Hope and Optimism for the Future: A Vision for Flourishing

The Silicocene offers a vision of hope—a world in which humanity, technology, and nature are not in conflict but in harmony. It is a world where technological advancement and ecological health go hand in hand, where individuals and communities actively shape their future, and where justice and equity are at the heart of innovation.

1. A Balanced Relationship with Technology and Nature

In the Silicocene, humans will have learned to use technology not as a tool for domination but as a means of co-creation with the natural world. We will design technologies that enhance the resilience of ecosystems, reduce human impact on the planet, and support the flourishing of all life. The concept of sustainable innovation will guide all technological advancements, ensuring that progress does not come at the expense of the environment.

Our cities will become living ecosystems, where buildings are covered in plants, energy is harvested from the sun and wind, and waste is continuously cycled through regenerative systems. Our economies will shift toward circular models that prioritize reuse, repair, and regeneration, ensuring that resources are conserved and ecosystems are protected.

2. A New Ethic of Care and Justice

The Silicocene will be defined by a new ethic of care—for the planet, for each other, and for future generations. This ethic will be reflected in our technologies, our social systems, and our governance structures. We will prioritize equity and justice, ensuring that all people have access to the benefits of technology and that no one is left behind.

Through participatory governance and inclusive design, we will build systems that reflect the values of democracy, transparency, and fairness. Technology will serve as a tool for empowerment, enabling individuals and communities to take control of their lives and shape the world around them.

3. A Flourishing Planet

The ultimate goal of the Silicocene is a world where all life can flourish. This means restoring ecosystems, rebuilding communities, and creating technologies that support the well-being of all species. It is a world where humanity understands its place within the web of life and works to ensure the health and vitality of the Earth for future generations.

In this world, hope is not just a distant ideal—it is a tangible reality. It is a future that we can build, starting now, through our actions, our choices, and our commitment to shaping the trajectory of the Silicocene. With creativity, empathy, and resilience, we can create a world where technology and nature are not opposing forces but partners in the shared goal of creating a thriving, just, and sustainable future for all.

Conclusion: The Future is Ours to Shape

The Silicocene represents both a challenge and an opportunity. It is a challenge because it forces us to rethink our relationship with technology and nature, to confront the ethical dilemmas posed by rapid technological change, and to build systems that are resilient in the face of uncertainty. But it is also an opportunity—a chance to create a future where humanity flourishes in harmony with the Earth, where technology serves the common good, and where justice and equity are central to all decision-making.

This future is not preordained. It is a future that we must actively shape, through our personal choices, our collective actions, and our global movements. By embracing the principles of resilience, inclusivity, and ethical engagement with technology, we can build a world where hope is more than a dream—it is the foundation of a thriving planet in the Silicocene.

Here's a list of 100 resources covering a range of topics related to the Silicocene, including technology, AI ethics, sustainability, climate change, biotechnology, renewable energy, ecology, and futurism. These resources span books, websites, research organizations, online courses, podcasts, and more.

Books

1. The Fifth Season by N.K. Jemisin – A novel that explores ecological collapse and the relationship between humans and their environment.

2. Solarpunk: Ecological and Fantastical Stories in a Sustainable World edited by Sarena Ulibarri – An anthology of short stories exploring eco-friendly futures.

3. The Ministry for the Future by Kim Stanley Robinson – A speculative fiction novel dealing with climate change and global governance.

4. Half-Earth: Our Planet's Fight for Life by E.O. Wilson – A call to conserve half the planet for biodiversity.

5. The Uninhabitable Earth: Life After Warming by David Wallace-Wells – A detailed exploration of the impacts of climate change.

6. Superintelligence: Paths, Dangers, Strategies by Nick Bostrom – A seminal work on the risks of AI.

7. The Singularity is Near by Ray Kurzweil – A futurist view on AI and human evolution.

8. Doughnut Economics by Kate Raworth – A vision for a sustainable economy that balances human needs and planetary boundaries.

9. Cradle to Cradle: Remaking the Way We Make Things by William McDonough and Michael Braungart – A book on circular economy and sustainable design.

10. The Age of Surveillance Capitalism by Shoshana Zuboff – A deep dive into the implications of big data and AI on society.

Websites and Blogs

1. Foresight Institute – Focused on transformative technology and AI alignment.

2. The Solarpunk Project – A blog discussing the Solarpunk movement.

3. Climate Reality Project – Resources on climate activism and renewable energy.

4. World Resources Institute – A think tank providing research on climate, energy, and sustainability.

5. Our World in Data – Data-driven insights into global environmental and technological challenges.

6. Deep Adaptation Forum – Focused on climate change adaptation and resilience.

7. Biomimicry Institute – Resources on innovation inspired by nature.

8. Global Ecovillage Network – A resource hub for building sustainable, community-led ecosystems.

9. Future of Life Institute – Focused on AI ethics, safety, and global risks.

10. Artificial Intelligence for the Earth – Exploring AI solutions for environmental challenges.

Research Institutes

1. MIT Media Lab – Researches future technology impacts on society.

2. OpenAI – Conducts AI research with a focus on safe and beneficial AI.

3. Future of Humanity Institute – Researches AI, existential risks, and the future of human civilization.

4. The Earth Institute at Columbia University – Studies environmental issues and sustainable development.

5. The Climate Change Institute – Researches climate change adaptation and impacts.

6. The Alan Turing Institute – Focused on AI ethics and data science.

7. The Resilience Alliance – Studies resilience in social-ecological systems.

8. Pew Research Center on AI & the Future of Work – Analyzes how AI will affect future workforces.

9. Worldwatch Institute – Researches global environmental sustainability.

10. European Environment Agency – Provides research and data on sustainability in Europe.

Online Courses

1. Coursera: AI for Everyone – An introduction to AI concepts and ethics.

2. edX: The Age of Sustainable Development – A course by Jeffrey Sachs on sustainable development.

3. Udemy: Green Economy – Policy Framework for Sustainable Development – Learn about green policies and economics.

4. FutureLearn: Climate Change: The Science – A deep dive into climate science.

5. Khan Academy: Introduction to Ecology – Basic ecology and environmental systems.

6. Alison: Environmental Sustainability – Free sustainability course.

7. Class Central: AI Ethics: Challenges and Opportunities – Examines ethical AI issues.

8. Gaia Education: Ecovillage Design Education – Focus on sustainable community development.

9. Skillshare: Biomimicry in Design – Course on nature-inspired innovation.

10. Yale Online: Introduction to Climate Change and Health – Connects climate change to public health impacts.

Podcasts

1. The Future of Life Podcast – Interviews with experts on AI, existential risk, and future ethics.

2. How to Save a Planet – Focused on innovative climate solutions.

3. The Solarpunk Podcast – Conversations about sustainable futures and eco-friendly technologies.

4. AI Alignment Podcast – Delves into technical and philosophical aspects of AI safety.

5. The Climate Question – BBC podcast about global climate challenges.

6. For the Wild Podcast – Explores environmental activism, rewilding, and sustainable living.

7. Exponential View – Podcast on future technologies, ethics, and global trends.

8. The Sustainability Agenda – Focused on environmental sustainability and green technologies.

9. The Infinite Monkey Cage – A light-hearted podcast on science and philosophy, including topics on AI and nature.

10. Sustainable World Radio – Focuses on permaculture, sustainability, and eco-design.

Documentaries and Films

1. Planet of the Humans – A controversial documentary on renewable energy.

2. AI: The Final Countdown – Explores the risks and potentials of AI.

3. 2040 – A positive vision for future sustainability solutions.

4. Chasing Ice – Documents the rapid melting of glaciers due to climate change.

5. Kiss the Ground – Explores regenerative agriculture as a solution to climate change.

6. The Social Dilemma – Investigates the societal impacts of AI and big data.

7. Metamorphosis – A visual meditation on climate change and regeneration.

8. Human Nature – Explores the promise and risks of gene editing technologies.

9. An Inconvenient Sequel: Truth to Power – A follow-up on Al Gore's climate change advocacy.

10. Tomorrow – Documents grassroots solutions to climate change and sustainability.

Articles and Papers

1. "Deep Adaptation: A Map for Navigating Climate Tragedy" by Jem Bendell – Discusses adapting to environmental collapse.

2. "The Ethics of Artificial Intelligence" by Nick Bostrom and Eliezer Yudkowsky – A foundational paper on AI safety and ethics.

3. "Planetary Boundaries: A Safe Operating Space for Humanity" by Johan Rockström et al. – Defines Earth's ecological limits.

4. "Technological Unemployment and the Future of Work" by Carl Benedikt Frey – Examines the impacts of AI on jobs.

5. "Beyond Smart Cities: Toward a New Paradigm for Urban Sustainability" – Investigates AI in urban planning.

6. "Nature, Technology, and Society" by Brian Arthur – Explores the relationship between technological innovation and nature.

7. "AI in Climate Change: The Case for Responsible AI Development" – Outlines the role of AI in climate adaptation.

8. "The AI Alignment Problem: Current Approaches and Future Challenges" – Comprehensive review of AI alignment.

9. "Biodiversity Loss and Its Impact on Humanity" by Brad Cardinale – Explores the importance of biodiversity for human survival.

10. "Ecosystem-Based Adaptation: A Strategy for Building Resilience to Climate Change" – Focuses on integrating nature in climate strategies.

Organizations and Initiatives

1. The Ellen MacArthur Foundation – Promotes circular economy principles.

2. Project Drawdown – Identifies climate solutions to achieve a carbon-neutral world.

3. The AI Now Institute – Focuses on the social implications of AI technologies.

4. The Biomimicry Global Network – Encourages innovation inspired by nature.

5. The Ocean Cleanup Project – Technology-driven initiative to clean plastic from oceans.

6. One Earth – Focused on solutions to climate change and biodiversity loss.

7. Center for Humane Technology – Explores how to create technology that aligns with human well-being.

8. The Ecological Society of America – Promotes ecological science and sustainable solutions.

9. International Renewable Energy Agency (IRENA) – Promotes renewable energy policies and technologies.

10. Rewilding Europe – Advocates for large-scale rewilding projects to restore nature.

Conferences and Summits

1. AI for Good Global Summit – Focuses on AI solutions for global challenges.

2. TED Climate Countdown – Aims to accelerate solutions to climate change.

3. World Summit on AI – Tackles ethical AI development and global governance.

4. UN Climate Change Conferences (COP) – International climate negotiations.

5. SXSW Eco – A gathering focused on environmental and sustainability innovations.

6. The Global Climate Action Summit – Brings together leaders to discuss climate change solutions.

7. EcoCity World Summit – Focuses on sustainable urban development.

8. Greentech Festival – Showcases sustainable technologies and innovations.

9. Biomimicry Global Conference – Explores nature-inspired solutions to complex problems.

10. Planetary Health Alliance Annual Meeting – Addresses global health in relation to climate and environmental changes.

Think Tanks and Advocacy Groups

1. The Natural Resources Defense Council (NRDC) – Advocates for environmental policies and renewable energy.

2. The Climate Group – International organization pushing for net-zero carbon solutions.

3. Ecosocialist Horizons – Combines socialist principles with ecological sustainability.

4. Global Footprint Network – Tracks human demands on Earth's ecosystems.

5. The Centre for the Study of Existential Risk – Focuses on global catastrophic risks, including from AI.

6. International Institute for Environment and Development (IIED) – Promotes sustainable global development.

7. Friends of the Earth International – Environmental advocacy group promoting social and environmental justice.

8. World Wildlife Fund (WWF) – Focuses on biodiversity and climate change.

9. Rainforest Alliance – Works on sustainable agriculture and forest management.

10. The Ethical AI Institute – Dedicated to advancing AI aligned with human values and ethics.

These 100 resources offer a wealth of information and insights for those interested in learning more about the potential of the Silicocene, focusing on the intersection of technology, nature, and sustainability. They provide a roadmap for how we can prepare for a world where advanced technologies coexist harmoniously with ecosystems and human societies.

"The Garden City"

A Solarpunk Tale of the Silicocene

The train glided through the sky, its smooth motion uninterrupted by the dense canopy of treetops. Below, the Earth bloomed with life—a quilt of forests, wetlands, and regenerative farmlands stretching toward the horizon. Soft hums of energy pulsed beneath the seats, collected from the solar wings that stretched out from the train like rays of sunlight. This wasn't just travel—it was an extension of life, a technology that thrived alongside the ecosystems it touched.

Mira leaned against the window, watching as they passed over a sprawling vertical forest, a collection of towering buildings draped in greenery. Large trees sprouted from the structures, their branches mingling with the architecture, birds darting through the wind turbines attached to the walls. Each of these buildings was a testament to the Symbiosis Design, where cities and nature coexisted in perfect harmony.

As the train descended into the heart of the Garden City, Mira felt a flutter of anticipation. The airlock doors whispered open, and the scent of fresh earth and rain-soaked moss greeted her as she stepped onto the platform. Beneath the station's translucent dome, rain trickled down the sides, collected in vast basins for reuse in irrigation systems. The gentle murmur of water echoed against the surrounding buildings, all of them adorned with cascading plants.

"Welcome to Arcadia," Mira murmured to herself. It had been years since she'd last visited, but the sight still made her heart swell. Arcadia was not just a city; it was a living organism, a Solarpunk utopia where technology, nature, and humanity intertwined seamlessly.

"Ready for your first mission?" a voice asked from behind her.

Mira turned to find Kai, her old friend and one of Arcadia's lead architects, smiling at her. His tanned skin and windswept hair gave away his life of constant outdoor activity. He was a builder, a dreamer, someone whose heart beat in time with the Earth.

"More than ready," Mira replied, adjusting the small backpack of tools on her shoulder. "Where do we start?"

Kai motioned toward the bustling city ahead. "First, we'll meet the Council. They're eager to hear your thoughts on the Harmony Project. After that, I'll show you the Heartwood Forest, our latest rewilding initiative."

Mira smiled. She had heard whispers about the Harmony Project, an ambitious plan to create self-sustaining biomes integrated within urban areas. But nothing could compare to the energy of seeing it firsthand. The Silicocene, as people called this new age, was a time of immense collaboration between biotechnology, AI, and regenerative design. Arcadia was one of its shining beacons.

As they walked, Mira couldn't help but admire the eco-cities towering above them. The streets, lined with living buildings, buzzed with life—solar-powered drones tending to vertical gardens, wind turbines spinning quietly on rooftops, and pedestrians flowing between patches of green spaces. The buildings, grown from biomaterials like mycelium and algae, were alive, capable of repairing themselves and contributing to the local ecosystem.

Arcadia was more than a city. It was an ecosystem in itself, designed to heal the Earth while offering shelter, food, and energy to its inhabitants. And Mira was here to help it evolve even further.

The Council

The Council's meeting room was nestled within a geodesic dome at the city's core, surrounded by a lagoon of bio-engineered water lilies that filtered the air and water. Each petal of the dome was a solar panel, collecting sunlight that powered the room and the many systems that kept Arcadia alive.

Mira and Kai were greeted by Councilor Isolde, a tall, poised woman whose eyes carried the wisdom of someone who had seen the Anthropocene fade into memory. The Council was made up of architects, scientists, AI ethicists, and Indigenous stewards, ensuring that every decision was guided by ecological wisdom and technological responsibility.

"Mira," Isolde greeted her warmly. "We've been following your work in Luma City with great interest. The way you've integrated AI-managed permaculture into urban systems is nothing short of revolutionary."

Mira bowed her head slightly. "Thank you, but I'm just part of a much larger movement. Luma has taught me how much we still have to learn from nature."

"Exactly," Isolde said, motioning for them to sit. "And that's why we've asked for your insight on the Harmony Project."

A projection illuminated the room's walls, showing the design of a new sector of Arcadia that would house five integrated biomes, each representing a distinct ecosystem—forest, wetland, desert, savanna, and tundra. Each biome would provide habitats for wildlife, sustainable food sources, and energy production, all managed by AI caretakers that would ensure the balance of the micro-ecosystems.

"The idea," Isolde continued, "is to create symbiotic habitats that can exist within and around human urban spaces. These biomes will serve as living classrooms for citizens, providing food, clean water, and energy while also functioning as biodiversity hubs."

Mira's eyes widened as she scanned the designs. "It's like creating entire natural worlds within the city. But how do you plan to integrate the AI systems with such diverse ecosystems?"

"That's where we need your help," Kai chimed in. "You've developed some of the most sophisticated AI models for managing urban ecosystems. We want to ensure that the AI is not just responsive to human needs but is also aligned with the natural rhythms of the biomes. The systems need to evolve alongside these ecosystems—learning from them, adapting to climate changes, and fostering resilience."

Mira nodded, her mind already racing with possibilities. "We'll need to develop collaborative AI models—systems that don't just optimize human convenience but also promote biodiversity, carbon sequestration, and soil health. The AI should serve as a caretaker of these biomes, working with the Indigenous knowledge keepers and biologists to maintain balance."

As the Council discussed the finer details, Mira could feel the pulse of excitement building. This was more than just a technological challenge—it was a new paradigm for how humans and technology could live in harmony with nature.

The Heartwood Forest

After the meeting, Kai led Mira to the Heartwood Forest, a rewilding project on the outskirts of Arcadia. The forest had been barren just a few decades ago, a victim of the Anthropocene's environmental degradation. But now, thanks to drone reforestation, AI-managed water systems, and the guidance of Indigenous ecological knowledge, the forest was thriving once again.

Mira marveled at the diversity of life surrounding them. Tall, ancient trees towered overhead, their roots entangled with a complex network of fungi. Birdsong filled the air, and small mammals darted through the underbrush. The forest was alive, not just with wildlife but with technology as well—hidden sensors monitoring soil health, water levels, and plant diversity, all feeding into a central AI system that ensured the forest's long-term sustainability.

Kai pointed to a nearby grove, where saplings were being planted by small, insect-like drones. "We've been working with the Earth Guardians—a group of Indigenous leaders and permaculturists—to ensure that our rewilding efforts are restorative rather than extractive. It's not just about planting trees; it's about restoring the entire ecosystem, from the soil microbes to the apex predators."

Mira crouched down to touch the soil, which was rich and dark, teeming with life. "It's beautiful," she said, standing up to take in the full view of the forest. "But how do you keep it resilient to climate shifts? With everything happening—the wildfires, the heat waves, the storms—it seems like maintaining balance would be a constant struggle."

Kai nodded, looking up at the canopy. "It is. But that's where the AI comes in. The system is designed to adapt, using predictive modeling to prepare for climate shifts and helping us make adjustments in real-time. It monitors everything from temperature fluctuations to species migration patterns. When things get out of balance, the AI alerts us, and we work together—humans and machines—to restore harmony."

Mira smiled, feeling a sense of profound connection to the work unfolding here. It wasn't just about creating a forest; it was about cultivating relationships—between humans, technology, and the land. The Silicocene was not about abandoning technology or returning to an idealized past. It was about redefining progress—learning to live within the limits of the planet while using innovation to heal and regenerate.

A New Paradigm of Living

Over the next few weeks, Mira dove into her work on the Harmony Project, developing the AI systems that would manage the biomes. She worked closely with the Council, the Indigenous stewards, and the engineers to create a biocentric AI, a system that placed ecosystem health above human convenience. The AI was designed to learn from nature, constantly evolving its strategies for maintaining balance within the biomes. It would monitor everything from the migration patterns of insects to the growth cycles of plants, ensuring that every living thing—human or non-human—had what it needed to thrive.

As the Harmony Project began to take shape, Mira found herself reflecting on the world they were building. It was a world where technology didn't dominate nature but worked in partnership with it. It was a world where the borders between the natural and artificial had blurred, giving rise to new forms of life, new ecosystems, and new ways of being.

The Silicocene was not without its challenges—climate change, resource scarcity, and inequality were still issues that demanded constant attention. But there was a sense of hope, a belief that humanity could transform itself and its relationship to the planet. The people of Arcadia were not just surviving; they were flourishing, living in a way that was both innovative and regenerative.

As the weeks passed, the biomes of the Harmony Project began to come to life. Forests grew tall within the city, wetlands filtered water and provided sanctuary for birds and amphibians, and dry desert gardens bloomed with drought-resistant plants. The AI caretakers worked alongside the Earth Guardians, ensuring that every biome remained in balance.

Mira watched as children played in the new forested spaces, learning about ecosystems and permaculture. Elders gathered in communal gardens, sharing stories of resilience and survival from the Anthropocene. Artists wove the themes of regeneration and harmony into their works, creating murals that celebrated the interconnectedness of life. The city itself had become a living system, a reflection of the values of the Silicocene— collaboration, care, and sustainability.

The Seeds of the Future

One evening, as Mira and Kai walked through the completed Heartwood Forest, they paused at the top of a hill that overlooked the city. Below them, Arcadia glowed softly, the bioluminescent algae in the river casting a pale blue light over the buildings. Wind turbines spun gently on the rooftops, their quiet humming blending with the sounds of crickets and owls. The city was alive, and yet at peace.

"We've come a long way," Kai said, gazing at the view. "But there's still so much work to do."

Mira nodded. "Yes, but it's work worth doing. We're not just building cities—we're healing the world, one step at a time."

They stood in silence for a while, listening to the heartbeat of the city beneath them. The Silicocene was still in its infancy, but it held the promise of a world where technology and nature could coexist in harmony. It was a world where humanity had learned from its past mistakes and had chosen a path of regeneration, resilience, and hope.

Mira smiled, feeling a deep sense of purpose. The future was uncertain, but it was also full of possibility. In the Silicocene, they had planted the seeds of a new world—a world where life, in all its forms, could flourish.

And those seeds were beginning to grow.

"The Garden City"

A Solarpunk Tale of the Silicocene

The train glided through the sky, its smooth motion uninterrupted by the dense canopy of treetops. Below, the Earth bloomed with life—a quilt of forests, wetlands, and regenerative farmlands stretching toward the horizon. Soft hums of energy pulsed beneath the seats, collected from the solar wings that stretched out from the train like rays of sunlight. This wasn't just travel—it was an extension of life, a technology that thrived alongside the ecosystems it touched.

Mira leaned against the window, watching as they passed over a sprawling vertical forest, a collection of towering buildings draped in greenery. Large trees sprouted from the structures, their branches mingling with the architecture, birds darting through the wind turbines attached to the walls. Each of these buildings was a testament to the Symbiosis Design, where cities and nature coexisted in perfect harmony.

As the train descended into the heart of the Garden City, Mira felt a flutter of anticipation. The airlock doors whispered open, and the scent of fresh earth and rain-soaked moss greeted her as she stepped onto the platform. Beneath the station's translucent dome, rain trickled down the sides, collected in vast basins for reuse in irrigation systems. The gentle murmur of water echoed against the surrounding buildings, all of them adorned with cascading plants.

"Welcome to Arcadia," Mira murmured to herself. It had been years since she'd last visited, but the sight still made her heart swell. Arcadia was not just a city; it was a living organism, a Solarpunk utopia where technology, nature, and humanity intertwined seamlessly.

"Ready for your first mission?" a voice asked from behind her.

Mira turned to find Kai, her old friend and one of Arcadia's lead architects, smiling at her. His tanned skin and windswept hair gave away his life of constant outdoor activity. He was a builder, a dreamer, someone whose heart beat in time with the Earth.

"More than ready," Mira replied, adjusting the small backpack of tools on her shoulder. "Where do we start?"

Kai motioned toward the bustling city ahead. "First, we'll meet the Council. They're eager to hear your thoughts on the Harmony Project. After that, I'll show you the Heartwood Forest, our latest rewilding initiative."

Mira smiled. She had heard whispers about the Harmony Project, an ambitious plan to create self-sustaining biomes integrated within urban areas. But nothing could compare to the energy of seeing it firsthand. The Silicocene, as people called this new age, was a time of immense collaboration between biotechnology, AI, and regenerative design. Arcadia was one of its shining beacons.

As they walked, Mira couldn't help but admire the eco-cities towering above them. The streets, lined with living buildings, buzzed with life—solar-powered drones tending to vertical gardens, wind turbines spinning quietly on rooftops, and pedestrians flowing between patches of green spaces. The buildings, grown from biomaterials like mycelium and algae, were alive, capable of repairing themselves and contributing to the local ecosystem.

Arcadia was more than a city. It was an ecosystem in itself, designed to heal the Earth while offering shelter, food, and energy to its inhabitants. And Mira was here to help it evolve even further.

The Council

The Council's meeting room was nestled within a geodesic dome at the city's core, surrounded by a lagoon of bio-engineered water lilies that filtered the air and water. Each petal of the dome was a solar panel, collecting sunlight that powered the room and the many systems that kept Arcadia alive.

Mira and Kai were greeted by Councilor Isolde, a tall, poised woman whose eyes carried the wisdom of someone who had seen the Anthropocene fade into memory. The Council was made up of architects, scientists, AI ethicists, and Indigenous stewards, ensuring that every decision was guided by ecological wisdom and technological responsibility.

"Mira," Isolde greeted her warmly. "We've been following your work in Luma City with great interest. The way you've integrated

AI-managed permaculture into urban systems is nothing short of revolutionary."

Mira bowed her head slightly. "Thank you, but I'm just part of a much larger movement. Luma has taught me how much we still have to learn from nature."

"Exactly," Isolde said, motioning for them to sit. "And that's why we've asked for your insight on the Harmony Project."

A projection illuminated the room's walls, showing the design of a new sector of Arcadia that would house five integrated biomes, each representing a distinct ecosystem—forest, wetland, desert, savanna, and tundra. Each biome would provide habitats for wildlife, sustainable food sources, and energy production, all managed by AI caretakers that would ensure the balance of the micro-ecosystems.

"The idea," Isolde continued, "is to create symbiotic habitats that can exist within and around human urban spaces. These biomes will serve as living classrooms for citizens, providing food, clean water, and energy while also functioning as biodiversity hubs."

Mira's eyes widened as she scanned the designs. "It's like creating entire natural worlds within the city. But how do you plan to integrate the AI systems with such diverse ecosystems?"

"That's where we need your help," Kai chimed in. "You've developed some of the most sophisticated AI models for managing urban ecosystems. We want to ensure that the AI is not just responsive to human needs but is also aligned with the natural rhythms of the biomes. The systems need to evolve alongside these ecosystems—learning from them, adapting to climate changes, and fostering resilience."

Mira nodded, her mind already racing with possibilities. "We'll need to develop collaborative AI models—systems that don't just optimize human convenience but also promote biodiversity, carbon sequestration, and soil health. The AI should serve as a caretaker of these biomes, working with the Indigenous knowledge keepers and biologists to maintain balance."

As the Council discussed the finer details, Mira could feel the pulse of excitement building. This was more than just a technological challenge—it was a new paradigm for how humans and technology could live in harmony with nature.

The Heartwood Forest

After the meeting, Kai led Mira to the Heartwood Forest, a rewilding project on the outskirts of Arcadia. The forest had been barren just a few decades ago, a victim of the Anthropocene's environmental degradation. But now, thanks to drone reforestation, AI-managed water systems, and the guidance of Indigenous ecological knowledge, the forest was thriving once again.

Mira marveled at the diversity of life surrounding them. Tall, ancient trees towered overhead, their roots entangled with a complex network of fungi. Birdsong filled the air, and small mammals darted through the underbrush. The forest was alive, not just with wildlife but with technology as well—hidden sensors monitoring soil health, water levels, and plant diversity, all feeding into a central AI system that ensured the forest's long-term sustainability.

Kai pointed to a nearby grove, where saplings were being planted by small, insect-like drones. "We've been working with the Earth Guardians—a group of Indigenous leaders and permaculturists—to ensure that our rewilding efforts are restorative rather than extractive. It's not just about planting trees; it's about restoring the entire ecosystem, from the soil microbes to the apex predators."

Mira crouched down to touch the soil, which was rich and dark, teeming with life. "It's beautiful," she said, standing up to take in the full view of the forest. "But how do you keep it resilient to climate shifts? With everything happening—the wildfires, the heat waves, the storms—it seems like maintaining balance would be a constant struggle."

Kai nodded, looking up at the canopy. "It is. But that's where the AI comes in. The system is designed to adapt, using predictive modeling to prepare for climate shifts and helping us make adjustments in real-time. It monitors everything from temperature fluctuations to species migration patterns. When things get out of balance, the AI alerts us, and we work together—humans and machines—to restore harmony."

Mira smiled, feeling a sense of profound connection to the work unfolding here. It wasn't just about creating a forest; it was about cultivating relationships—between humans, technology, and the land. The Silicocene was not about abandoning technology or returning to an idealized past. It was about redefining progress—learning to live within the limits of the planet while using innovation to heal and regenerate.

A New Paradigm of Living

Over the next few weeks, Mira dove into her work on the Harmony Project, developing the AI systems that would manage the biomes. She worked closely with the Council, the Indigenous stewards, and the engineers to create a biocentric AI, a system that placed ecosystem health above human convenience. The AI was designed to learn from nature, constantly evolving its strategies for maintaining balance within the biomes. It would monitor everything from the migration patterns of insects to the growth cycles of plants, ensuring that every living thing—human or non-human—had what it needed to thrive.

As the Harmony Project began to take shape, Mira found herself reflecting on the world they were building. It was a world where technology didn't dominate nature but worked in partnership with it. It was a world where the borders between the natural and artificial had blurred, giving rise to new forms of life, new ecosystems, and new ways of being.

The Silicocene was not without its challenges—climate change, resource scarcity, and inequality were still issues that demanded constant attention. But there was a sense of hope, a belief that humanity could transform itself and its relationship to the planet. The people of Arcadia were not just surviving; they were flourishing, living in a way that was both innovative and regenerative.

As the weeks passed, the biomes of the Harmony Project began to come to life. Forests grew tall within the city, wetlands filtered water and provided sanctuary for birds and amphibians, and dry desert gardens bloomed with drought-resistant plants. The AI caretakers worked alongside the Earth Guardians, ensuring that every biome remained in balance.

Mira watched as children played in the new forested spaces, learning about ecosystems and permaculture. Elders gathered in communal gardens, sharing stories of resilience and survival from the Anthropocene. Artists wove the themes of regeneration and harmony into their works, creating murals that celebrated the interconnectedness of life. The city itself had become a living system, a reflection of the values of the Silicocene—collaboration, care, and sustainability.

The Seeds of the Future

One evening, as Mira and Kai walked through the completed Heartwood Forest, they paused at the top of a hill that overlooked the city. Below them, Arcadia glowed softly, the bioluminescent algae in the river casting a pale blue light over the buildings. Wind turbines spun gently on the rooftops, their quiet humming blending with the sounds of crickets and owls. The city was alive, and yet at peace.

"We've come a long way," Kai said, gazing at the view. "But there's still so much work to do."

Mira nodded. "Yes, but it's work worth doing. We're not just building cities—we're healing the world, one step at a time."

They stood in silence for a while, listening to the heartbeat of the city beneath them. The Silicocene was still in its infancy, but it held the promise of a world where technology and nature could coexist in harmony. It was a world where humanity had learned from its past mistakes and had chosen a path of regeneration, resilience, and hope.

Mira smiled, feeling a deep sense of purpose. The future was uncertain, but it was also full of possibility. In the Silicocene, they had planted the seeds of a new world—a world where life, in all its forms, could flourish.

And those seeds were beginning to grow.

The Seasons of Change

Time passed, and the Harmony Project flourished. Arcadia was a city unlike any other, a testament to what the Silicocene promised—a world where humanity lived in harmony with nature, aided by technology that enhanced rather than diminished the planet's ecosystems. Seasons came and went, but in Arcadia, the changes in weather and climate were no longer something to fear; they were embraced as part of the rhythm of life.

Spring arrived with a burst of color. Flowers blossomed in every nook and cranny of the city—on rooftops, in window boxes, and along the sprawling greenways that connected the biomes. The streets were alive with activity as citizens planted new crops in the urban gardens, their work aided by small, solar-powered robots that tilled the soil and monitored moisture levels. These bots weren't there to replace human effort, but to augment it, freeing up time for more creative and community-driven pursuits.

In the Harmony Biomes, the ecosystems Mira had helped to design were thriving. Forest canopies provided shade and cooling for nearby housing, while the wetlands absorbed excess rainfall and purified water for the city. The desert biome was particularly fascinating—home to a variety of plants that required little water, it served as a laboratory for developing drought-resistant crops that could be shared with arid regions around the world.

Summer was a time of abundance. The vertical farms within Arcadia's towering buildings were bursting with food—heirloom tomatoes, leafy greens, and berries that were handpicked by the community. The citizens of Arcadia had long ago embraced the circular economy, where waste was virtually nonexistent and every resource was valued. Food scraps from homes and restaurants were turned into compost, which in turn enriched the soil in the city's gardens.

Energy, too, was plentiful. The solar panels embedded in every surface—from the walls of homes to the paths beneath their feet—collected more than enough energy to power the city. Excess energy was stored in bio-batteries created from living algae, and some of it was even exported to neighboring cities, creating a network of resilient, decentralized power systems. In Arcadia, there was no longer any reliance on fossil fuels or centralized grids that could collapse in times of crisis. The people of the Silicocene had learned that decentralization was key to resilience.

Autumn brought with it the celebration of the Harvest Festival, a community event where everyone gathered to celebrate the bounty of the Earth and the achievements of the past year. It wasn't just about food; it was about honoring the intricate balance of life that made it all possible. Storytellers shared myths of the Silicocene, tales of regeneration and symbiosis. These new myths were inspired by the past but looked toward the future—fables about the interconnection between technology and nature, about AI systems learning from trees and rivers, and about the wisdom of the Earth guiding human action.

The Ecosystem Weavers—an honored role in the community, responsible for maintaining the delicate balance between the urban and natural worlds—were celebrated as heroes. They had become the spiritual successors to the farmers and engineers of old, using their knowledge of biology, ecology, and technology to ensure that every system, from the smallest patch of soil to the city's vast network of waterways, was functioning in harmony.

In Winter, the city transformed yet again. The vertical gardens adapted to the cooler temperatures, their greenery replaced with hardy winter crops, while the wetlands stored and released water to keep the ecosystem in balance. The people of Arcadia gathered in the communal spaces, sharing meals and stories by the warmth of bio-fueled heaters. The technology was there, but it was invisible, seamlessly woven into the fabric of daily life. What mattered most was the sense of community—the knowledge that everyone was working together to create a world where life could flourish.

The Children of Arcadia

The future of the Silicocene lay in the hands of its children—a generation that had never known the Anthropocene, never experienced the devastating impacts of fossil fuel addiction or environmental collapse. For them, the world was one of balance, and their education reflected this.

The children of Arcadia grew up learning not just traditional subjects like math and science, but also the language of ecosystems. From a young age, they were taught to understand the interdependence of all living things—the way a single tree in the biome contributed to the air they breathed, the way the wetlands filtered water, the way the city's AI learned from the patterns of weather and wildlife.

Schools were not isolated buildings; they were integrated into the city's green spaces. Classrooms took the form of open-air learning environments, surrounded by nature, where children learned to identify native plants, study insect migration patterns, and observe the AI caretakers at work. The curriculum was based on bioregionalism—the idea that humans should live in accordance with the natural characteristics of their environment, whether it was a forest, desert, or coastline.

As part of their education, children were encouraged to take part in community projects. These might include tending to the communal gardens, participating in reforestation efforts, or designing new biotechnological solutions to local challenges. AI assistants helped them run simulations, teaching them how different approaches could impact the ecosystems they were nurturing.

One day, Mira visited one of these classrooms, fascinated by the way the children interacted with both nature and technology. They wore wearable AI devices that allowed them to ask questions and receive immediate feedback from the city's knowledge systems. As one child pointed at a nearby tree, a holographic overlay appeared, showing the tree's root system, its carbon absorption levels, and the wildlife it supported. But what was more impressive was the way the children intuitively understood the balance that sustained their world.

"That tree is helping the soil recover," a young girl named Naya explained to Mira. "The AI is helping it, but the tree is teaching the AI, too. They talk to each other through the sensors in the roots."

Mira smiled, amazed at how seamlessly the children of Arcadia had embraced the concept of symbiosis. They didn't see a world divided between nature and technology; they saw a single, interconnected system, where everything had its place.

These children would be the ones to carry the Silicocene forward. They would inherit a world shaped by the values of collaboration, empathy, and sustainability. And Mira knew that they were more than ready to meet the challenges of the future.

A Journey of Rediscovery

As the city thrived, Mira began to think about her next project. There were still many places in the world where the scars of the Anthropocene had not yet healed—where wasteful industries, degraded landscapes, and displaced communities were still struggling to adapt to the Silicocene.

One of those places was Brightwater, a coastal city that had once been known for its reliance on fossil fuels and heavy industry. Though efforts had been made to transition Brightwater to a green economy, the transformation had been slow, and the damage from years of environmental degradation still lingered. The wetlands had been polluted, the forests clear-cut, and the fish populations decimated.

Mira knew that if the Silicocene was to truly be a time of planetary healing, it could not leave any place behind. Brightwater, like many other regions of the world, needed to be rewilded, reimagined, and reconnected to the Earth's natural systems. And Mira was determined to help lead that transformation.

Before leaving for Brightwater, Mira spoke with Kai one last time, standing in the Heartwood Forest they had helped nurture into being.

"Do you ever think we'll see the whole world like this?" she asked, her eyes scanning the canopy overhead, where birds nested in the trees and drones hovered, tending to the plants.

Kai smiled. "I do. It will take time, but we're moving in the right direction. Places like Brightwater need help, but they're not beyond saving. And we're learning more every day about how to work with nature instead of against it."

Mira nodded, feeling a sense of hope well up inside her. The work wasn't finished—not by a long shot—but they had laid the groundwork for a future where regeneration was possible, not just for individual cities like Arcadia, but for the entire planet.

With a final farewell, Mira set off for Brightwater, carrying with her the knowledge and tools she had honed in Arcadia. She knew that the journey ahead would be difficult, that there would be resistance and setbacks, but she also knew that the promise of the Silicocene—a world of balance, equity, and sustainability—was worth every effort.

As the train lifted off the ground, powered by the sunlight streaming through the transparent ceiling, Mira watched as the forests of Arcadia faded into the distance. The wind turbines spun, the rivers flowed, and the city hummed with life. She knew that wherever she went, Arcadia's vision of a flourishing, regenerative world would go with her.

The Silicocene: A World in Balance

Years passed, and Mira's work in Brightwater bore fruit. The wetlands were restored, the forests replanted, and the ocean ecosystems revived. The people of Brightwater, once disconnected from the natural world, had come to see themselves as part of it—just as the people of Arcadia had. The Silicocene had arrived not as a single moment of transformation, but as a slow, steady process of healing, one city, one community, one ecosystem at a time.

Across the planet, cities and towns followed Arcadia's lead, embracing decentralized technologies, regenerative design, and biocentric AI. Rewilding efforts expanded, and human society began to take its place within the broader web of life, no longer as masters, but as caretakers.

The children of the Silicocene grew into adults, carrying with them the wisdom of the Earth and the tools of the future. They understood that their survival depended on the health of the planet, and they used the technology at their disposal to ensure that both humanity and the natural world could thrive together.

In time, the balance that had once been lost was restored. And the people of the Silicocene lived not in conflict with their planet, but in harmony, guided by the principles of sustainability, justice, and hope.

The Silicocene was more than just a new era. It was a new beginning, one that promised a future where life—all life—could flourish.

And that, Mira thought, was the most beautiful story of all.

Preparing for the Silicocene: A Guide for Everyday People to Thrive in the Era of Technological Transformation

---

Introduction: Embracing the Silicocene with Intentionality

The Silicocene—an era in which artificial intelligence, automation, and silicon-based technologies intertwine deeply with human existence—marks a significant shift in the trajectory of civilization. As we move from the Anthropocene, characterized by human dominance over the environment, into this new epoch, many people feel both excitement and apprehension. The sheer pace of change, the evolving nature of work, the rise of AI, and the looming environmental crises all point toward a future that will be drastically different from our present.

Yet, this transformation also brings unprecedented opportunities for those who are ready. The key to thriving in the Silicocene lies not in passively waiting for the future to unfold but in actively preparing for it—both mentally and practically. This future will not be shaped solely by large tech corporations, governments, or scientists; everyday people will have the power to influence the direction of this era. By making informed choices, learning essential skills, and fostering meaningful relationships with both technology and our communities, we can ensure that the Silicocene becomes an era of flourishing, rather than one of disempowerment.

This guide aims to empower you, the everyday person, to navigate this transition. It's a practical roadmap to understanding the technological, social, and environmental changes ahead—and more importantly, how you can position yourself and your loved ones to thrive in this era.

---

1. Understanding the Silicocene: The Era of Symbiosis

Before delving into preparation strategies, it's essential to first grasp what the Silicocene truly entails. At its core, this era is about the symbiosis between human life and technology. As artificial intelligence continues to evolve, it will increasingly become part of our daily existence, influencing everything from how we communicate, work, and learn, to how we relate to the natural world.

The Silicocene is also an era that challenges many of the old paradigms. The centralized systems of power—corporations, governments, and institutions—will continue to have significant influence, but decentralization and empowerment of individuals and communities will rise in parallel. Technology will serve as a force-multiplier for grassroots movements, knowledge-sharing, and resource distribution, potentially reshaping economies, power dynamics, and how we define value.

Understanding the core features of the Silicocene will help you make sense of how to prepare for it:

- Artificial Intelligence and Automation: The integration of AI into nearly every sector of life will require a shift in the skills and mindset we bring to the table. AI is not simply a tool, but an evolving collaborator in the workforce, with the potential to enhance human creativity and productivity when used wisely.

- Sustainability and Climate Tech: The Silicocene is emerging in parallel with escalating environmental crises, but also with the rise of climate technologies aimed at creating a more sustainable world. Our relationship with the planet will need to be rethought, with the focus shifting from extraction to regeneration.

- Decentralization: Blockchain technology and decentralized networks have the potential to change everything from how we manage resources to how we make decisions as societies. Understanding the basics of decentralized technologies and governance models will be key to thriving in this era.

---

2. Shifting Your Mindset: From Scarcity to Abundance, From Fear to Curiosity

The first and most important step in preparing for the Silicocene is a mindset shift. Historically, technological revolutions have often been met with fear, and the rapid pace of change today can certainly feel overwhelming. However, with the right mindset, this era can be one of abundance rather than scarcity, of opportunity rather than displacement.

Here's how you can cultivate a mindset that prepares you for the Silicocene:

- Curiosity Over Fear: Fear often arises from the unknown. Cultivating curiosity about the technologies shaping our future is a powerful antidote. Start by exploring areas of AI, blockchain, automation, and sustainability that interest you. Learn how they work, and what their implications are, not just for society at large but for your own life.

- Adaptability as a Core Skill: The Silicocene will require us to be more adaptable than ever before. Jobs, industries, and even entire societal structures will evolve rapidly. Embracing change and learning how to pivot when necessary will be vital. Whether it's learning new skills, rethinking old habits, or exploring new ways to contribute to your community, adaptability will be one of your greatest assets.

- Abundance Mindset: The traditional scarcity-based models of the economy—where there are limited resources, jobs, or opportunities—are being challenged by the possibilities of automation and decentralized technologies. By embracing an abundance mindset, you can start seeing opportunities where others may see loss. The Silicocene offers the potential to automate mundane tasks, freeing humans to focus on creativity, connection, and personal fulfillment.

- Lifelong Learning: The idea of "getting an education" and then working in a single field for life is becoming obsolete. In the Silicocene, learning will be a lifelong endeavor. Fortunately, technology is democratizing access to education, with platforms offering free or low-cost courses on everything from AI programming to regenerative agriculture. Developing a habit of continuous learning is crucial.

---

3. Practical Skills for the Silicocene

With the right mindset in place, it's time to consider the practical skills that will help you and your loved ones not just survive, but thrive. While certain technical skills will be increasingly important, equally crucial are social, emotional, and ecological skills that help us live more harmoniously with both technology and the planet.

Technological Literacy

At the core of the Silicocene is the integration of technology into every facet of life. Being technologically literate will be as essential as being able to read and write. But don't worry—this doesn't mean you need to become a computer scientist or engineer. What's important is developing a foundational understanding of how key technologies work, how to use them ethically, and how to leverage them to improve your life.

- AI Literacy: Understanding the basics of how AI works is crucial. You don't need to become an expert in machine learning, but knowing how AI is being used in industries like healthcare, finance, and education can help you stay ahead of the curve. Learn how to use AI tools to automate repetitive tasks, improve personal productivity, and even enhance creative projects.

- Data Privacy and Security: As we move deeper into the digital age, understanding how to protect your data will be essential. Learn the basics of online privacy, encryption, and how to secure your digital life from threats like hacking or surveillance. Understanding decentralized technologies such as blockchain can also provide insights into how to manage personal data in a more secure way.

- Blockchain and Decentralization: The rise of decentralized technologies has the potential to reshape everything from finance to governance. Take time to understand how blockchain works, what cryptocurrencies are, and how decentralized systems can be used to empower communities. The opportunities for individuals to participate in decentralized finance (DeFi) or governance are growing.

Social and Emotional Intelligence

While technical skills are important, they are only one part of the equation. As automation takes over many tasks, the uniquely human qualities of empathy, emotional intelligence, and the ability to build relationships will become even more valuable.

- Emotional Resilience: In a world of rapid change, emotional resilience—the ability to cope with uncertainty and bounce back from setbacks—will be essential. Cultivate mindfulness practices, learn stress management techniques, and invest in mental health resources. These practices will help you stay grounded even as the world changes around you.

- Collaboration and Community Building: As the Silicocene evolves, decentralized networks of individuals will become increasingly important. Building strong relationships within your community, both online and offline, will provide support, knowledge-sharing, and mutual aid. Learn how to collaborate effectively, resolve conflicts, and build consensus within groups.

- Empathy and Ethical Decision-Making: As AI and automation play larger roles in society, ethical questions will abound. How should AI be used in healthcare? What is a fair way to distribute resources in an automated economy? Empathy and a strong sense of ethics will help you navigate these complex issues, ensuring that technology is used for the benefit of all, rather than just a select few.

Ecological Literacy and Sustainability

The Silicocene is happening against the backdrop of a planetary crisis. To thrive in this era, we need to rethink our relationship with the Earth and learn how to live sustainably. The technologies that shape this era must be balanced with an ecological consciousness that prioritizes regeneration over exploitation.

- Regenerative Living: Learn how to reduce your ecological footprint and live in harmony with nature. This can involve small steps like growing your own food, reducing waste, or learning about permaculture. Regenerative practices aim not only to reduce harm to the planet but to actively restore ecosystems.

- Sustainability Tech: Stay informed about new technologies that are helping to combat climate change and promote sustainability. From carbon capture technologies to innovations in renewable energy, understanding how these systems work can help you make informed choices and participate in local or global initiatives for sustainability.

- Resourcefulness and Self-Sufficiency: While technology will play a big role in our future, learning traditional skills like basic carpentry, gardening, or foraging can provide a sense of security and connection to the natural world. The Silicocene will require both high-tech solutions and low-tech resilience, and blending the two is a way to ensure you're prepared for a variety of scenarios.

4. Preparing Your Family and Community for the Silicocene

It's not enough to prepare yourself; the future is one we must build collectively. Helping your loved ones and your community prepare for the Silicocene will create a ripple effect of resilience, sustainability, and empowerment. Whether it's teaching your children to think critically about technology, or organizing community workshops on AI literacy, collective preparation ensures a stronger, more connected future.

Educating and Empowering Children

Children today are growing up in a world where technology is ubiquitous, but often without guidance on how to engage with it responsibly. To prepare them for the Silicocene, focus on cultivating not just technical skills, but the critical thinking and emotional intelligence they'll need to navigate this new era.

- Balanced Tech Use: Help children develop a healthy relationship with technology. Encourage creativity, problem-solving, and collaboration in their use of digital tools, but also ensure they spend time in nature, building relationships, and learning offline skills.

- Critical Thinking and Ethical Literacy: Teach children to question how and why technology is used. Encourage discussions about AI ethics, sustainability, and the impact of technology on society. Instilling a sense of responsibility and ethics early on will prepare them to make thoughtful choices in the future.

Strengthening Community Networks

In the Silicocene, communities will play a crucial role in resilience and mutual aid. Whether it's sharing resources, knowledge, or emotional support, strong community ties will help buffer against the challenges of rapid technological and environmental change.

- Local Resilience Networks: Create or participate in local resilience networks that focus on skills-sharing, resource-pooling, and mutual aid. These networks can include anything from neighborhood gardens to community energy cooperatives.

- Digital Communities: While local connections are vital, global digital communities will also be key in the Silicocene. Find or build online communities that share your values around technology, sustainability, and mutual aid. These communities can provide support, knowledge, and collaboration opportunities across borders.

Conclusion: A Future of Collective Empowerment

The Silicocene is not a distant future—it's already unfolding around us. And while the challenges may seem daunting, this new era offers unprecedented opportunities for personal growth, community empowerment, and collective flourishing. By taking proactive steps today, you can ensure that you, your loved ones, and your community are prepared to thrive in the Silicocene.

The future is not set in stone, and its shape will be determined by how we choose to engage with the technologies and forces at play. Together, we can build a future rooted in equity, sustainability, and empathy—a future where humanity and technology coexist in harmony, rather than competition.

Succeeding Economically in the Silicocene: A Comprehensive Guide for Navigating the Future Economy

The transition into the Silicocene—an era defined by the convergence of AI, automation, and advanced technologies with ecological awareness and decentralized systems—promises to dramatically reshape the global economy. In this new epoch, the traditional definitions of wealth, work, and economic success will be disrupted, giving way to more fluid, decentralized, and dynamic forms of value creation.

For individuals seeking to succeed economically in the Silicocene, this will mean adopting new strategies, skills, and mindsets that embrace both the opportunities and challenges presented by technological transformation. No longer confined to hierarchical job structures or single industries, success in this era will hinge on adaptability, creativity, and the ability to navigate systems where value is created and shared in new ways.

This chapter explores how you, as an individual, can succeed economically in the Silicocene, offering practical advice and insights into how to position yourself for prosperity in a future marked by constant change, emerging technologies, and shifting societal values.

---

1. Understanding the Economic Foundations of the Silicocene

To understand how to succeed economically in the Silicocene, it is essential to grasp the key drivers that are reshaping the landscape of work and value creation. These drivers will influence how wealth is generated, distributed, and accumulated in the coming decades.

1.1. The Role of AI and Automation

Artificial intelligence and automation are the cornerstone technologies of the Silicocene. As AI becomes more advanced, it is expected to automate many jobs that were once considered untouchable, from administrative work to creative and even decision-making roles. However, automation doesn't only eliminate jobs; it also creates new opportunities for work that complements AI systems, requiring a shift in how we think about employment and value creation.

Success in this context requires understanding the difference between roles that can be automated and those that will always need a human touch—such as tasks involving complex problem-solving, emotional intelligence, and creativity.

1.2. Decentralization and the New Digital Economy

Decentralized technologies, particularly blockchain and distributed ledger systems, are leading to the emergence of a new digital economy. These technologies enable decentralized finance (DeFi), new forms of governance, and the democratization of asset ownership, allowing people to participate directly in economic systems without relying on traditional financial institutions.

This shift will open new avenues for wealth creation, from crypto-assets to decentralized marketplaces, where individuals can create, own, and trade digital assets on a global scale. Understanding these systems and how to leverage them will be crucial to succeeding economically in this new era.

1.3. Sustainability and Circular Economies

In tandem with the rise of technology, the Silicocene will be characterized by an increased focus on sustainability and regeneration. The economic models of the future will likely emphasize circular economies—where waste is minimized, resources are reused, and production systems are regenerative. This means that businesses and individuals who align their work and investments with sustainability principles will be at the forefront of economic success in this era.

1.4. The Gig and Creator Economies

The gig economy and the creator economy have already begun to reshape how people earn a living. The Silicocene will see these trends expand as digital platforms become even more sophisticated, allowing individuals to monetize their skills, content, and creativity in new ways. Success will depend on finding ways to leverage personal strengths within these flexible, digital-driven economic models.

2. Building Skills for the Silicocene Economy

The rise of new technologies will render some skills obsolete while increasing the demand for others. The most successful individuals in the Silicocene will be those who can continually learn, adapt, and apply new skills to changing circumstances.

2.1. Develop Technological Fluency

One of the most crucial ways to prepare for economic success in the Silicocene is by becoming fluent in technology. You don't need to be an expert coder or data scientist, but understanding the basics of AI, blockchain, and automation will allow you to navigate and leverage these systems for personal and professional gain.

- AI Literacy: Gain a basic understanding of how AI works, what it can and cannot do, and how it is applied across different sectors. Learn to use AI-driven tools to enhance productivity, creativity, and decision-making.

- Blockchain and Decentralization: Learn the fundamentals of blockchain technology, smart contracts, and cryptocurrencies. These will play an increasingly important role in how value is created and exchanged in decentralized networks.

- Automation Tools: Familiarize yourself with automation tools and platforms that can help streamline workflows, manage repetitive tasks, and increase efficiency. This will free up time for more creative and strategic work.

2.2. Cultivate Creativity and Innovation

While AI can automate many tasks, creativity and innovation will remain uniquely human abilities. Individuals who can think outside the box, design innovative solutions, and combine different fields of knowledge will have a competitive edge.

- Creative Problem-Solving: Work on enhancing your ability to solve complex problems in novel ways. Whether through design thinking, interdisciplinary collaboration, or systems thinking, creative problem-solving will be invaluable.

- Innovation in Sustainable Solutions: As the world grapples with environmental challenges, individuals who can develop innovative, sustainable solutions—whether in product design, business models, or infrastructure—will be highly sought after.

2.3. Strengthen Social and Emotional Intelligence

In the Silicocene, human interaction will continue to be a vital component of economic activity. Social and emotional intelligence will be key to thriving in collaborative, AI-augmented environments, and people who excel at building relationships and navigating group dynamics will succeed.

- Emotional Intelligence: Develop your ability to understand, manage, and express emotions effectively. This includes empathy, communication, and conflict resolution, all of which will be critical in managing relationships with clients, colleagues, and AI systems.

- Collaborative Skills: In an era where teams will increasingly be virtual and global, collaboration skills will be vital. Learn to work effectively in diverse, interdisciplinary teams, where people and AI systems collaborate to achieve shared goals.

2.4. Lifelong Learning and Adaptability

The rapid pace of change in the Silicocene means that the concept of "lifelong learning" is no longer optional—it's a necessity. Those who succeed will be those who can quickly learn new skills, pivot into emerging industries, and continually adapt to new technologies and market demands.

- Learning Agility: Develop the ability to learn new things quickly, especially in areas where technology and industry are evolving rapidly. This means embracing a mindset of curiosity, experimenting with new tools, and remaining open to change.

- Diversify Skills: Build a diverse skill set that spans multiple industries and disciplines. This will make you more resilient to changes in any single field and open new opportunities in emerging sectors.

---

3. Exploring New Income Streams and Economic Models

The Silicocene will offer a range of new opportunities for generating income, particularly in decentralized and technology-driven markets. To succeed economically, you'll need to explore multiple income streams and embrace new economic models that go beyond the traditional nine-to-five job.

3.1. Participate in the Decentralized Economy

Blockchain technology is creating a new digital economy that enables individuals to take part in decentralized finance (DeFi), decentralized marketplaces, and non-fungible token (NFT) ecosystems. These systems allow for peer-to-peer transactions without intermediaries, creating new ways to generate wealth.

- Invest in Cryptocurrencies: While volatile, cryptocurrencies offer opportunities for investment and wealth creation in the decentralized economy. Educate yourself on the fundamentals of crypto investing, including risk management and long-term strategies.

- Engage in DeFi: Decentralized finance platforms allow you to earn passive income through activities such as yield farming, staking, or providing liquidity. Participating in these platforms can provide alternative income streams outside of traditional banking systems.

- Monetize Digital Assets: Whether you're an artist, content creator, or entrepreneur, NFTs offer a way to monetize unique digital assets. Explore how to create, sell, and trade NFTs in areas such as art, music, and virtual goods.

3.2. Embrace the Gig and Creator Economies

The gig and creator economies are growing rapidly, offering new ways to earn a living through digital platforms. By leveraging your skills, creativity, and personal brand, you can tap into these economies and generate multiple income streams.

- Gig Work: Platforms like Upwork, Fiverr, and TaskRabbit allow you to offer your skills on a freelance basis. Whether you're a writer, designer, programmer, or consultant, gig work provides flexibility and the opportunity to diversify your income.

- Creator Economy: Platforms such as YouTube, Patreon, and Substack enable individuals to monetize content directly through audience support. Build your personal brand and create content that resonates with niche audiences, whether through video, writing, or podcasting.

3.3. Explore Regenerative and Circular Economy Models

The shift towards sustainability and circular economies will open new economic opportunities, particularly for those who align their businesses and investments with ecological principles.

- Sustainable Entrepreneurship: Consider starting a business that aligns with sustainability goals, such as renewable energy, ethical consumer goods, or eco-friendly services. Investors and consumers are increasingly prioritizing sustainability, making this a promising area for growth.

- Circular Economy Participation: Explore opportunities in the circular economy, where businesses and consumers prioritize resource reuse and waste reduction. From refurbishing goods to offering repair services, circular economy models provide new income streams while contributing to environmental goals.

---

4. Investing in the Silicocene

Investment strategies in the Silicocene will need to adapt to a rapidly changing world. Success will require an understanding of emerging technologies, industries aligned with sustainability, and the ability to navigate decentralized financial systems.

4.1. Invest in Emerging Technologies

Technological advancements will drive much of the economic growth in the Silicocene. Those who invest in the companies and technologies shaping the future will be well-positioned for economic success.

- AI and Automation Companies: Invest in companies leading the development of AI and automation technologies. This includes sectors like robotics, autonomous vehicles, AI-driven healthcare, and more.

- Blockchain and Web3: Explore opportunities in blockchain technology, decentralized applications, and Web3. These areas are expected to drive the next wave of digital innovation, with many companies pioneering solutions for decentralized finance, governance, and data ownership.

4.2. Sustainable and Impact Investing

As environmental and social challenges intensify, there will be growing demand for investments that prioritize sustainability and social impact. Aligning your portfolio with these values not only contributes to global solutions but also positions you for long-term economic success.

- Green Energy: Renewable energy sectors, such as solar, wind, and battery storage, are experiencing rapid growth as the world shifts away from fossil fuels. Investing in companies that are leading the clean energy transition is both financially sound and aligned with sustainability goals.

- Impact Funds: Consider investing in impact investment funds that focus on companies with strong environmental, social, and governance (ESG) principles. These funds typically target businesses that contribute to positive social or environmental outcomes while generating financial returns.

4.3. Real Estate in Sustainable Cities

As cities adapt to climate change and technological advancements, real estate in areas that prioritize sustainability, green infrastructure, and resilience will become increasingly valuable. Consider investing in properties in "smart cities" that are designed with ecological balance and technological integration in mind.

---

5. Building Resilience in the Face of Uncertainty

Success in the Silicocene will also depend on how well you can manage uncertainty and prepare for potential disruptions. The rapid pace of technological change, combined with environmental instability, means that resilience will be as important as innovation.

5.1. Financial Resilience

Building financial resilience involves creating a diverse portfolio of income streams and investments that can withstand market fluctuations and economic disruptions.

- Diversification: Spread your investments and income sources across multiple industries and asset classes. This includes a mix of traditional assets (like stocks and bonds), emerging technologies (like crypto and AI), and real assets (like real estate).

- Emergency Funds: Maintain an emergency fund that can cover your living expenses for several months in case of unexpected economic downturns or job losses.

5.2. Social and Community Resilience

In the Silicocene, your success will be tied not just to your individual efforts but to the strength of your community. Strong networks of support and collaboration will be critical in times of uncertainty.

- Collaborative Networks: Build networks of collaboration within your local and global communities. Whether through mutual aid groups, professional networks, or digital communities, these connections will provide support and opportunities in times of need.

- Skill-Sharing and Barter Systems: Engage in local economies where skills, services, and goods can be traded outside of traditional monetary systems. This will be particularly important if economic disruptions make traditional markets less reliable.

5.3. Adaptability and Mindset

Finally, success in the Silicocene will depend on your ability to adapt to change with a positive, growth-oriented mindset. Embrace uncertainty as an opportunity for growth, and cultivate the resilience to navigate a rapidly changing world.

- Growth Mindset: Adopt a growth mindset that sees challenges as opportunities to learn and evolve. This mindset will help you pivot quickly and seize new opportunities as they arise.

- Continuous Learning: Stay committed to lifelong learning and remain curious about new technologies, industries, and economic models. The more you learn, the better prepared you will be to navigate the future economy.

Conclusion: Thriving Economically in the Silicocene

The Silicocene will bring about profound changes in the global economy, offering both challenges and opportunities. Those who succeed economically in this era will be the ones who embrace technology, cultivate creativity, invest in sustainability, and build resilience in the face of uncertainty.

By understanding the key drivers of economic change and positioning yourself with the right skills, investments, and mindset, you can not only survive but thrive in the Silicocene. The future will belong to those who are adaptable, innovative, and committed to building an economy that balances technological advancement with social and environmental well-being.